MW01700490

La Messe

Du même auteur

Sermons d'un curé de Paris, Fayard, 1978.
Pain de vie et peuple de Dieu, Critérion, 1981.
Osez croire (Articles, conférences, sermons, interviews, 1981-1984, I), Centurion, 1985.
Osez vivre (Articles, conférences, sermons, interviews, 1981-1984, II), Centurion, 1985.
Osez croire, osez vivre (Articles, conférences, sermons, interviews, 1981-1984), Gallimard, collection Folio-Actuel, 1986.
Premiers pas dans la prière, Nouvelle Cité, 1986.
Prenez place au cœur de l'Église, Conférence donnée à l'office chrétien des Handicapés, 1986.
Six sermons aux élus de la nation, Le Cerf, 1987.
Le Choix de Dieu, Entretiens avec Jean-Louis Missika et Dominique Wolton, Le Fallois, 1987.
Dieu merci, les droits de l'homme, Critérion, 1990.
Le Sacrement de l'onction des malades, Le Cerf, 1990.
Le Saint-Ayoul de Jeanclos (en collaboration avec Alain Peyrefitte), Fayard, 1990.
Nous avons rendez-vous avec l'Europe, Mame, 1991.
Petites paroles de nuit de Noël, Le Fallois, 1992.
Devenez dignes de la condition humaine, Flammarion, 1995.
Le Baptême de votre enfant, Fleurus, 1997.
Soyez heureux, Nil, 1997.
Pour l'Europe, un nouvel art de vivre, PUF, 1999.
Les prêtres que Dieu donne, Desclée de Brouwer, 2000.
Comme Dieu vous aime. Un pèlerinage à Jérusalem, Rome et Lourdes, Parole et silence, 2001.
La Promesse, Parole et Silence, 2002.
Comment Dieu ouvre la porte de la foi, Desclée de Brouwer, 2004.
Contempler l'Apocalypse, Parole et Silence, 2005.

Cardinal
Jean-Marie Lustiger

La Messe

bayard

Le cardinal Lustiger a rédigé ce livre
à partir d'entretiens sur Radio Notre-Dame
et pour répondre aux demandes de tous ceux
qui réclamaient le texte pour le méditer.

Le Code de la propriété intellectuelle n'autorisant, aux termes des paragraphes 2 et 3 de l'article L. 122-5, d'une part, que les « copies ou reproductions strictement réservées à l'usage privé du copiste et non destinées à une utilisation collective » et, d'autre part, sous réserve du nom de l'auteur et de la source, que les « analyses et les courtes citations justifiées par le caractère critique, polémique, pédagogique, scientifique ou d'information », toute représentation ou reproduction intégrale ou partielle, faite sans le consentement de l'auteur ou de ses ayants droit ou ayants cause, est illicite (article L. 122-4). Cette représentation ou reproduction, par quelque procédé que ce soit, constituerait donc une contrefaçon sanctionnée par les articles L. 335-2 et suivants du Code de la propriété intellectuelle.

© Bayard éditions, 1988
© Bayard éditions, 2009 pour la présente édition.
18, rue Barbès, 92128 Montrouge Cedex
ISBN : 978-2-227-47905-0

Sommaire

AVANT DE COMMENCER

I

Aller à la messe

Ce dimanche, vous hésitez à vous déplacer pour aller à la messe. Finalement, vous vous décidez. Dites plutôt que c'est Dieu qui vous a décidé. Dieu sort chacun de sa solitude et de son isolement pour constituer un peuple qui vit de la foi et dont l'unité est le Christ. Chaque fois que je vais dans une église pour célébrer la messe, je pense à ces paroles de la Sagesse (Proverbes 9,5) qui résonnent dans le discours de Jésus à la synagogue de Capharnaüm (Jean 6) : « Venez, mangez de mon pain ; buvez du vin que j'ai mêlé. » Cette Sagesse personnifiée qui « a dressé la table » et qui « crie son invitation sur les hauteurs de la ville », cette Sagesse faite chair, c'est le Verbe de Dieu qui nous invite à son festin.

C'est l'Église qui célèbre l'Eucharistie[1]. Les chrétiens y sont convoqués par le Christ. L'Esprit Saint les rassemble pour former un seul Corps et rendre grâce à Dieu le Père.

LA MESSE DU DIMANCHE

Telle est la première réflexion que je vous propose pour vous aider à mieux vivre la messe. J'insiste à nouveau sur ce point. Je crains que beaucoup aujourd'hui ne soient déformés dans leur comportement religieux par l'habitude du « self-service » et les commodités de la « supérette » ou des centres commerciaux. Surtout à Paris où les églises sont nombreuses. Je m'explique : les grandes surfaces offrent les horaires d'ouverture les plus larges, présentent les articles les plus demandés et s'adaptent aux goûts du plus grand nombre. Et cela pour satisfaire, conquérir et conserver leur « pratique » (ce qui signifie « clientèle », consultez votre dictionnaire). De la

1. Cf. *Premiers pas dans la prière* (Nouvelle Cité), Onzième à Quatorzième pas, p. 125-168, et notamment : « Le jour de l'Église », p. 148.

même façon, d'aucuns s'attendraient à trouver à tout moment dans les églises les articles de consommation religieuse adaptés à la demande de tout un chacun, conformes aux désirs des « pratiquants ». Eh bien, mes amis, cette comparaison est fausse. Les « pratiquants » ne sont pas une « pratique », ni la messe une « prestation » modifiable au gré des indications du « marketing ».

Nous n'allons pas à la messe pour satisfaire notre sensibilité religieuse, ni parce que nous en avons envie ou besoin tel jour, à telle heure. Nous participons à la messe le dimanche (qui commence le samedi soir selon l'antique usage liturgique), parce que le Seigneur Jésus nous convoque, l'Esprit Saint nous rassemble et Dieu notre Père nous a donnés pour disciples à son Fils.

Certes, je le sais, cette affirmation heurte de front ceux et celles qui disent : « Je vais aujourd'hui à la messe dans telle église parce que cela me plaît », ou bien : « Je ne vais plus à la messe ? C'est la faute des prêtres ou de l'Église. » De tels propos montrent quel progrès dans la foi ont à faire ces disciples du Christ pour devenir pleinement catholiques.

En effet, Dieu nous convoque ainsi, de dimanche en dimanche, pour rendre visible son peuple et le constituer par le sacrement de l'Eucharistie. Nous y recevons la grâce destinée aux enfants de Dieu. C'est en effet notre dignité, c'est notre vocation de rendre gloire au Père « dans le Christ, avec Lui et par Lui ». Oui, nous devons considérer comme une grâce de Dieu d'avoir été « choisis » pour faire partie du Peuple de Dieu, « pour servir en sa présence » (Prière eucharistique II), pour être rassemblés dans l'Église, le Corps du Christ, le Temple de l'Esprit.

SE RASSEMBLER DANS SA PAROISSE

Et voici une seconde réflexion : la messe « paroissiale » met en lumière le caractère spécifique de ce rassemblement de chaque dimanche qui structure la vie de l'Église.

La paroisse ? Je ne vais pas entrer ici dans ses problèmes de fonctionnement et d'organisation. Je prends la paroisse telle que l'a façonnée l'expérience presque bimillénaire du peuple chrétien. Les hommes et les femmes qui s'y rassemblent ne se sont pas choisis entre eux. Dieu les a choisis par leur baptême. Ils se trouvent liés par la proximité physique, concrète de l'existence. Ils sont « proches » en raison des nécessités quotidiennes de leurs conditions de vie. Ils doivent se faire les « prochains » les uns des autres (Luc 10, 36-37). La messe paroissiale est célébrée toutes portes ouvertes : elle est accessible à tout chrétien, alors que l'Église reconnaît à une communauté monastique ou religieuse le droit de fermer ses portes si elle n'est pas chargée d'un service public des fidèles. Jadis, pour satisfaire, comme on disait, au « précepte dominical », (c'est-à-dire à l'exigence pour les catholiques d'aller à la messe le dimanche), il fallait assister à la messe dans une église paroissiale. Vous vous demandez peut-être où est la différence.

La messe est toujours la messe, bien sûr. Mais la communauté qui la célèbre n'est pas sans signification. La messe du dimanche est un acte public de l'Église. Celle-ci se rassemble autour de son évêque et des prêtres qui l'assistent en sa mission d'accueillir tous les fidèles. Chaque dimanche, toute « église particulière » (pour parler comme Vatican II, entendez « diocèse ») rend visible l'unité catholique du peuple de Dieu. Chaque paroisse célèbre l'Eucharistie en communion avec son évêque et le Pape. L'évêque est le serviteur et le garant de cette communion catholique ouverte à tous les peuples et à tous les hommes.

Souvenez-vous de la parabole des invités au banquet des noces du Fils du Roi (Matthieu 22, 1 s). Le Christ l'a racontée peu de temps avant sa Passion. Le maître fait appeler les invités, ceux-ci se dérobent. Alors il dit à ses serviteurs : « Allez par les places d'où partent les chemins et convoquez à la noce tous ceux que vous trouverez. » Ainsi en est-il de la messe dominicale. Tous y ont droit, quelles que soient les différences sociales, ethniques, etc. Tous y ont les mêmes droits. Car tous se retrouvent devant notre Seigneur et Maître qui s'est fait le serviteur de tous.

L'assemblée eucharistique n'est pas sélective selon des critères humains. À qui se présente à la porte, on ne demande pas : êtes-vous riche ou pauvre ? Quelle langue parlez-vous ? Quels sont vos goûts, votre sensibilité ? Quelles sont vos préférences ? La condition requise pour y participer, c'est d'être conformé au Christ, d'avoir été plongé par la grâce baptismale dans sa mort et sa résurrection.

LA CONVOCATION DE TOUS LES BAPTISÉS

Et voilà qui introduit ma troisième réflexion. Pour participer à cette assemblée, il faut avoir revêtu « l'habit de noces », selon l'image de la même parabole. La messe est une assemblée ouverte à n'importe qui, sans sélection, assurément. Mais c'est l'assemblée des baptisés.

L'Eucharistie, même si elle est publique, et bien que des incroyants puissent y venir, est d'abord le sacrement des baptisés. Elle est destinée aux hommes et aux femmes qui sont entrés dans le mystère du Christ par les sacrements de l'initiation chrétienne, de la Nouvelle Naissance. Seuls les baptisés peuvent entrer « en communion » avec ce « mystère »[2] de miséricorde et de grâce qu'est l'Eucharistie : le Christ qui se donne à ses frères pour les unir à son Sacrifice. C'est pourquoi, jadis, les « catéchumènes » n'assistaient qu'au début de la célébration de l'Eucharistie. On nomme catéchumènes — aujourd'hui encore — ceux qui veulent devenir chrétiens et ont déjà fait le premier pas. L'évêque les a appelés et

2. Ce mot, d'origine grecque, a été traduit en latin par *sacramentum*, « sacrement ».

inscrits parmi les membres de l'Église qui désirent recevoir le baptême, auquel ils se préparent et qui leur sera donné quand ils seront prêts.

Jadis, donc, dès que commençait la prière eucharistique proprement dite (à partir de l'offertoire), les catéchumènes quittaient l'assemblée. De même les grands « pénitents » dans l'attente de leur réconciliation. Ces chrétiens, en rupture avec la communion de l'Église par leurs péchés, ne cessent pas pour autant d'appartenir à la communauté des croyants, mais ils ne peuvent participer à l'Eucharistie. Cette pratique « publique » de la pénitence a disparu de la vie de l'Église depuis un millénaire. Aujourd'hui, il paraîtrait peu acceptable à notre sensibilité que des chrétiens se retirent au cours de la messe pour des raisons de conscience. Mais nous pouvons cependant en retenir un enseignement : ceux qui ont conscience d'être en état grave de péché et n'en ont pas reçu le pardon, ceux aussi qui se trouvent dans une situation durable de porte-à-faux au regard de la volonté de Dieu ne doivent pas, pour autant, rompre avec la communauté chrétienne. Ils ne doivent pas renoncer à la messe, même s'ils doivent s'abstenir de communier. Bien au contraire. La prière et l'amour de l'Église leur sont nécessaires pour leur épreuve. Alors même qu'ils s'abstiennent de recevoir le Corps du Christ, ils peuvent cependant s'unir, en pécheurs qui espèrent la miséricorde, à l'Eucharistie, la prière parfaite de l'Église. Ils doivent prendre leur part de la joie — fût-elle pour eux teintée de secrète tristesse — de cette fraternité qui constitue aussi l'assemblée chrétienne.

LE PRÊTRE, GARANT DU CHRIST

Enfin, quatrième réflexion, il n'y a pas d'assemblée eucharistique sans le ministère d'un prêtre. Par le sacrement de l'Ordre, le prêtre participe à la charge des Apôtres, les douze colonnes de l'Église. Pourquoi son ministère est-il nécessaire pour l'Eucharistie ? Le ministre ordonné — évêque, successeur des Apôtres, ou prêtre — donne au peuple rassemblé par Dieu en Église de recevoir le Christ lui-même qui, par la bouche du prêtre, agit dans ce sacrement comme Tête de son Corps. Par son ministère, l'assemblée des baptisés ne cesse de se reconnaître et de se recevoir comme Corps du Christ en chaque célébration de l'Eucharistie. Il est le garant nécessaire à l'Église pour lui donner l'assurance que sa célébration eucharistique est celle du Christ, que la parole qu'elle partage est donnée par le Christ, que son unité est celle du Christ qui pardonne et aime ses frères. Nous aurons l'occasion de réfléchir au ministère du prêtre au cours des chapitres suivants.

Je me propose d'aborder les questions que vous pouvez vous poser sur la messe, en suivant la célébration depuis le début jusqu'à la fin. D'autres ouvrages pourront compléter votre information[3]. Mais pour commencer : à la messe, que se passe-t-il ? Pourquoi les lieux ou les objets sont-ils disposés de telle façon ? Que signifient les gestes, les paroles des uns et des autres ? J'espère que, de la sorte, vous tirerez un plus grand profit de votre participation à l'Eucharistie et que vous pourrez prier avec plus de joie chaque dimanche. Et peut-être chaque jour, si Dieu vous en donne la grâce.

3. Cf. notamment Pierre JOUNEL, *La messe hier et aujourd'hui* (O.E.I.L., 1986).

II

Référence à ce que Jésus accomplit

Chaque dimanche, nous entrons dans l'église pour participer à la messe. Aussi souvent que, naguère, certains allaient au cinéma. Et pourtant, à l'église, le « programme » est immuable, bien qu'au fil des siècles les formes aient changé. En dernier ressort, pourquoi le déroulement de la liturgie est-il relativement fixe ?

Que nous entrions dans une salle pour voir un spectacle ou tout bonnement dans la salle à manger pour une fête de famille, une rencontre entre amis, ce qui pique notre attention et nous fait passer un bon moment, c'est la nouveauté inattendue, la surprise distrayante. À la messe, c'est l'inverse. Non que la répétition ou l'ennui soient de règle. Mais nous savons que nous trouverons, en dépit des transformations survenues au cours de l'histoire, une liturgie de forme fixe : la célébration eucharistique est un acte « codifié » par sa référence à Jésus, non seulement dans l'intention, mais jusque dans les gestes, les attitudes et les mots.

Comme l'écrit saint Paul dans sa première lettre aux chrétiens de Corinthe (11, 23-25) : *Voici ce que j'ai reçu du Seigneur et ce que je vous ai transmis : le Seigneur Jésus, dans la nuit où il fut livré, prit du pain et après avoir rendu grâce, il le rompit et dit : « Ceci est mon corps qui est pour vous, faites cela en mémoire de moi ». Il fit de même pour la coupe, après le repas, en disant : « Cette coupe est la nouvelle Alliance en mon sang ; faites cela, toutes les fois que vous en boirez, en mémoire de moi. »*

La célébration de l'Eucharistie rend présent à une assemblée de disciples du Christ ce que Jésus lui-même a fait.

Il ne s'agit pas de répéter indéfiniment des mots comme on serine une leçon à des gamins. Il s'agit de permettre à ces paroles de Jésus, à cet acte de Jésus de se réaliser parmi les hommes et les femmes rassemblés en son Nom, ici et maintenant. Dans l'Église, par ses ministres ordonnés, Jésus nous donne à nous, aujourd'hui, ce qu'Il a donné aux Douze voici deux mille ans. Jésus nous donne à nous, aujourd'hui, ce que déjà Il nous a donné dimanche dernier, il y a un mois, il y a un an ; ce qu'Il a donné aux générations qui nous ont précédées, ce qu'Il donnera à celles qui nous suivront, partout et toujours jusqu'à ce qu'Il revienne.

Ce qu'Il a accompli une fois pour toutes, un jour du temps, Jésus ne cesse de l'accomplir parmi nous, pour nous, et Il nous associe à cet acte unique. Quand nous célébrons l'Eucharistie en cette fin du deuxième millénaire, nous ne sommes ni plus ni moins éloignés de Jésus que ne l'était en ses débuts l'Église de Rome ou de Lutèce. Ce n'est pas le temps écoulé qui mesure la distance, ni même le lien des chrétiens au Christ, mais la fidélité et la foi des chrétiens à ce que le Christ accomplit aujourd'hui en son Église.

LA PRIÈRE DU PEUPLE D'ISRAËL

Ainsi, dans l'Eucharistie, nous faisons à notre tour ce que Jésus a fait. Mais il faut remonter plus haut, aller plus en arrière dans le temps. En effet, si Jésus lui-même a agi de cette façon, c'est que déjà sa prière — cette prière qu'Il nous a transmise — était la prière du peuple d'Israël, structurée et nourrie de gestes et de paroles, présence en son peuple de ce que Dieu a déjà accompli pour lui.

À la limite, nous ne pouvons comprendre notre référence à Jésus que si nous comprenons la référence à Marie, sa mère. Fille de Sion, elle lui a appris à prier d'une façon déterminée. À travers l'histoire sainte de son peuple, elle lui a enseigné « les chemins de Dieu » et « les trésors du ciel » à lui, Jésus, qui, Fils de Dieu et Fils de Marie, est « la plénitude » (cf. Colossiens 1, 19 ; Éphésiens 1, 23), « l'héritier » (cf. Matthieu 21, 38 ; Hébreux 1,2 ; Galates 4, 1-7), et « le témoin fidèle » (cf. Apocalypse 1, 5).

Nous célébrons donc ce que Jésus a fait, mais lui-même célèbre les rites liturgiques et prie selon la tradition du peuple d'Israël. Cette tradition devient, en Jésus, notre propre manière de célébrer et de prier.

Ainsi du *Notre Père*, la prière que les chrétiens de toutes les langues et de tous les temps disent sans toujours la bien comprendre ni en voir la portée. Nonobstant, depuis deux millénaires, nous répétons ces paroles parce qu'elles sont les paroles de Jésus. Et leur richesse tient aussi au fait qu'elles disent plus que ce que nous sommes capables de concevoir et d'exprimer. Nous entrons dans la prière même du Christ : c'est cela la prière chrétienne. Jésus, dans la prière du *Notre Père*, reprend de façon personnelle et unique, en la condensant, la prière rituelle des dix-sept bénédictions, apprise dans son enfance à l'école de la Vierge Marie.

Ainsi encore, lors de la Cène, Jésus agit selon le rituel du repas du sabbat ou de la Pâque.

LES DEUX LITURGIES

Notre célébration eucharistique réunit, assemble, de façon tout à fait originale, deux liturgies distinctes auxquelles Jésus a pris part ou qu'il a célébrées.

- La première, c'est la liturgie de la synagogue.

Chaque sabbat notamment, elle rassemble chaque communauté juive. Grosso modo, c'est l'équivalent de ce que nous désignons aujourd'hui, dans la messe, par « liturgie de la Parole ». Elle consiste dans le chant des psaumes, dans des prières de supplication et de bénédiction et, fondamentalement, dans la lecture régulière de la Parole de Dieu ordonnée selon un cycle déterminé. On ne lit pas n'importe quoi selon l'humeur du jour. On parcourt la Parole de Dieu comme un héritage précieux et on s'en nourrit avec ferveur.

Les fidèles, rassemblés sur des gradins en hémicycle ou en carré, se regardent les uns les autres. Celui qui préside — toujours quelqu'un préside — dispose d'un siège prééminent. En tête de cette assemblée, le pupitre de lecture, l'ambon. Un « tabernacle », à la place d'honneur, contient les rouleaux de la Torah, la Parole de Dieu. Pensez, si vous voulez, à l'agencement des églises syriaques ou chez nous au chœur des moines. Que se passe-t-il ?

Écoutons saint Luc qui nous rapporte en quelque sorte le modèle de la première partie de la messe, la liturgie de la Parole : « Suivant sa coutume, le jour du sabbat, Jésus entre dans la synagogue de Nazareth. Quand son tour vient de lire l'Écriture, il se lève et on lui donne le rouleau du prophète Isaïe. Le déroulant, Jésus tombe sur ce passage du chapitre 61 (1-2) : "L'Esprit du Seigneur est sur moi parce qu'il m'a conféré l'onction pour annoncer la Bonne Nouvelle aux pauvres…" Puis Jésus roule le livre, le rend au servant, s'asseoit et dit : "Aujourd'hui cette Écriture est accomplie pour vous qui l'entendez". » (Luc 4, 16-22).

Jésus prononce la Parole de Dieu et en annonce l'accomplissement.

• L'autre forme de célébration, c'est le repas du sabbat ou mieux encore, plus solennel, le repas pascal.

C'est un repas de fête, un repas rituel. Pas de place pour l'improvisation. Tout est préparé de façon minutieuse et réglé d'avance. Jésus le sait bien et les Évangiles nous le montrent : saint Luc par exemple (22, 7-12 s) : « Vint le jour des Pains sans levain où il fallait immoler la Pâque. Jésus envoya Pierre et Jean en disant : "Allez nous préparer la Pâque pour que nous la mangions". Ils lui demandèrent : "Où veux-tu que nous la préparions ?”. Il leur répondit : “A votre entrée dans la ville, voici que viendra à votre rencontre un homme portant une cruche d’eau. Suivez-le dans la maison où il entrera et vous direz au propriétaire de cette maison. Le Maître te fait dire : Où est la salle où je pourrai manger la Pâque avec mes disciples ? Et cet homme vous montrera la pièce du haut, vaste et garnie ; c’est là que vous ferez les préparatifs”. »

Les prescriptions sont très précises. La préparation du repas revenait toujours à la maîtresse de maison. C’est pourquoi la piété catholique a pu penser que Marie avait assisté à la dernière Cène. Car c’est la mission de la mère de famille non seulement de préparer les plats, mais encore de disposer sur la table la vaisselle et les coupes nécessaires et d’allumer les lumières, conformément à un rituel vénérable et immuable qui rappelle la délivrance du peuple en Égypte, le mémorial de la Pâque. Aujourd’hui, dans notre liturgie, nous en lisons le récit, au chapitre 12 du livre de l’Exode, lors de la célébration de la Cène du Seigneur, au soir du Jeudi Saint.

UN RITUEL MILLÉNAIRE

Ce rituel, déjà plus que millénaire au temps du Christ, est chargé d'émotion et d'histoire. Les mots en étaient suffisamment précis et fixés pour que les modifications introduites par Jésus soient d'autant plus significatives, voire surprenantes. Jésus n'a pas dit ni fait n'importe quoi, prenant au hasard un quignon sur la table !

Vrai repas avec l'agneau pascal annuellement sacrifié au Temple, le rituel commençait par la bénédiction sur le pain non levé, de la forme des grandes hosties, de douze ou quinze centimètres de diamètre, utilisées actuellement dans les célébrations importantes. D'ailleurs, cette forme de pain liturgique subsiste encore de nos jours dans les communautés juives d'Afrique du Nord. Elle est attestée aussi par les moules anciens retrouvés par delà les siècles.

Celui qui préside, le père de famille ou son remplaçant, brise ce pain sans levain et le partage à ceux qui sont assis autour de la table. Il prononce cette bénédiction toujours en usage dans la célébration de la Pâque juive : « Ceci, le pain de misère que nos pères ont mangé en Égypte. »

Jésus, lui, dira : « Ceci est mon Corps livré pour vous. »

Puis le repas se poursuit tandis que s'enchaînent prières, acclamations, actions de grâce. Arrive enfin la troisième et dernière coupe qui évoque les sacrifices au Temple. Sur cette coupe de vin, le père de famille prononce une bénédiction avant de la passer aux convives. Prenant la coupe, Jésus rendra grâce à son Père et dira : « Ceci est mon Sang, le sang de l'Alliance versé pour la multitude, pour le pardon des péchés » (Matthieu 26, 28).

Ces deux bénédictions, Jésus les emprunte de façon tout à fait singulière au début et à la fin du rituel du repas pascal. Ensemble, elles forment le centre de la prière eucharistique : la consécration.

L'UNITÉ DE LA MESSE

Voilà donc, à l'origine de la célébration eucharistique, les deux rassemblements liturgiques juifs, distincts dans le temps et dans l'espace, que Jésus lui-même a vécus : d'une part, la liturgie synagogale de la Parole dans les assemblées hebdomadaires ou quotidiennes ; d'autre part, la liturgie familiale, hebdomadaire du repas sabbatique ou annuelle du repas pascal.

La liturgie chrétienne, c'est-à-dire venue du Christ, joint en un seul moment, en une seule assemblée, en un seul et même acte eucharistique — d'action de grâce — et la célébration de la Parole et la célébration du repas. Autrement dit, dans la perspective chrétienne, l'écoute de la sainte Écriture et le festin sacramentel, le partage de la Parole de Dieu et du Pain eucharistique ne font qu'un : c'est Jésus qui nous livre la Parole et Il est lui-même la Parole faite chair.

Il y a non seulement continuité, mais unité spirituelle et sacramentelle entre ces deux parties de la messe. En vérité, la liturgie de la Parole est liturgie eucharistique et la liturgie eucharistique est liturgie de la Parole. Car c'est Jésus qui, nous parlant dans l'Évangile, dit par la bouche du prêtre : « Ceci est mon Corps. Ceci est mon Sang. »

Ouverture

III

L'ÉGLISE, LE CHANT D'ENTRÉE, LE RÔLE DU PRÊTRE

COMMENT SONT FAITES NOS ÉGLISES

Dissocier la liturgie de la Parole de la liturgie eucharistique, c'est rompre le caractère original de la messe que l'église de pierre elle-même, le bâtiment, exprime à sa façon. En effet, quels que soient l'agencement et la disposition des églises, fort variables selon les époques et les pays, une double caractéristique leur est commune :

– d'une part, l'édifice se présente comme un lieu d'assemblée. Ses formes ont varié, de la grande basilique romaine à la salle en amphithéâtre. Mais il faut que, de tout endroit où les fidèles sont rassemblés, on voie et on entende ce qui se passe ;

– d'autre part, et en même temps, cet édifice converge vers l'autel, la table sainte où est célébré le festin sacré de l'Eucharistie.

Fait sans précédent, spécifiquement chrétien, un unique lieu ecclésial unit en un seul espace architectural deux fonctions différentes et distinctes à l'origine. La liturgie synagogale était une liturgie d'assemblée, si réduite fût-elle, tandis que la liturgie du repas sabbatique ou pascal était une liturgie familiale. Quand, aujourd'hui, on est tenté de séparer ces deux composantes (par exemple en faisant le matin, dans la salle de carrefours, le partage de la Parole, et le soir, dans la chapelle, la célébration eucharistique), on casse littéralement en deux une unification qui est un élément original et spécifique du christianisme. Plutôt qu'un progrès, une telle mode est une régression. Il en va de même quand, avec les meilleures intentions pédagogiques, pour distinguer ces deux moments de la célébration, on dissocie dans l'utilisation un espace architectural initialement construit comme un tout.

C'est le Christ qui parle dans la proclamation

de la Parole et qui s'offre dans le festin eucharistique. Au point qu'il ne doit pas y avoir de liturgie eucharistique sans liturgie de la Parole. Il est donc primordial de manifester concrètement cette unité essentielle à la messe.

LE RÔLE DU PRÊTRE

C'est pourquoi aussi il faut bien saisir le rôle irremplaçable du « président », un ministre ordonné : évêque, successeur des Apôtres, ou prêtre ayant part — dans la grâce du sacrement de l'Ordre — à sa mission.

En effet, l'évêque ou le prêtre qui « préside » est le signe de la présence du Christ à son Église. Il atteste que, dans ce rassemblement des baptisés, c'est le Christ qui rassemble, qui parle, qui donne son Corps, qui édifie l'Église. Parce qu'il y a un seul Christ, Seigneur de l'Église, il y a un seul « président ». Il n'y a pas de présidence collective, de co-présidence.

Si le président de l'Eucharistie est toujours un prêtre, tous les prêtres ne sont pas le président. Si tous les prêtres concélèbrent en tant que prêtres (l'ordination agrège au corps épiscopal, ou corps sacerdotal), un seul d'entre eux, et le même,

« préside » du début de la célébration jusqu'à la fin, aussi bien la liturgie de la Parole que la liturgie eucharistique ; il symbolise personnellement la présence personnelle du Christ à son Église. Nous l'appelons le célébrant « principal ». Non qu'il y ait des célébrants secondaires ! Mais « principal » au sens étymologique, c'est-à-dire celui qui représente le « Principe », la Tête, le Christ-Tête (cf. Colossiens 1, 18).

Pour que l'assemblée chrétienne se structure et devienne ce qu'elle doit être, le prêtre dans l'acte sacerdotal de la présidence remplit une mission vraiment « capitale » (c'est-à-dire, au sens étymologique, qui représente la Tête). Cette mission, nul ne se l'octroie. Elle est reçue de Dieu pour l'Église au jour de l'ordination. Comme le dit l'Épître aux Hébreux (5, 1 s) : « Tout grand-prêtre, pris d'entre les hommes, est établi en faveur des hommes pour leurs rapports avec Dieu… On ne s'attribue pas à soi-même cet honneur, on le reçoit par appel de Dieu comme ce fut le cas pour Aaron. C'est ainsi que le Christ non plus ne s'est pas attribué à lui-même la gloire de devenir grand-prêtre ; il l'a reçue de celui qui lui a dit : “Tu es mon fils ; moi aujourd'hui je t'ai engendré… Tu es prêtre pour l'éternité à la manière de Melchisédek". »

Cette double remarque sur l'assemblée eucharistique, avec l'unité de son déroulement et l'unicité de l'indispensable présidence sacerdotale, permet de mieux entrer dans le mouvement de la prière et de situer avec plus de justesse les différents moments de la messe.

LE CHANT D'ENTRÉE

Nous sommes donc réunis à l'église pour participer à la messe. En entrant, nous avons pu nous accueillir les uns les autres, nous saluer, voire échanger des nouvelles. Puis, si nous sommes arrivés à temps, nous avons commencé de nous préparer en nous apaisant intérieurement par une prière personnelle. Encore faut-il maintenant que l'assemblée que nous formons « prenne corps ». C'est le rôle de ce que nous appelons habituellement le chant d'entrée.

Faut-il simplement mettre les gens en train, leur dégourdir les cordes vocales, créer une certaine atmosphère ? Tous les moyens sont-ils bons ? Les uns préféreront l'orgue, d'autres la guitare ; certains rejetteront tout chant pour entrer en dansant. Bref, n'importe quoi ! Or, précisément, au seuil de la célébration, il ne s'agit pas de faire n'importe quoi, mais de répondre à un but déterminé. Ce qui n'exclut pas, tant s'en faut, une souhaitable concertation entre le prêtre et les fidèles concernés pour choisir, parmi les multiples possibilités offertes par la tradition de l'Église, ce qui convient le mieux pour telle assemblée. Entre user de cette liberté et faire n'importe quoi, il y a une marge à respecter.

Tout chant, dans une assemblée eucharistique, est une prière : d'adoration, de pénitence, de demande, de louange ; les registres sont multiples. Quels sont la signification et le but de ce « chant d'entrée » ? Il ne s'agit pas ici d'un chant que chacun écoutera pour soi seul. C'est un acte liturgique essentiellement communautaire auquel chacun s'associe pour former l'assemblée eucharistique. Chacun entre ainsi, avec les autres, dans une parole adressée à Dieu. Par cet acte spirituel commun se crée une communion d'adoration et de prière entre des hommes et des femmes jusque-là séparés et souvent étrangers les uns aux autres. D'un seul coup, d'un seul cœur, ils se mettent à chanter à Dieu, ensemble, la même acclamation et la même supplication. Bien ou mal, c'est une autre affaire. Esthétiquement ou non, c'est encore une autre affaire, nullement négligeable, je tiens à le souligner. Mais je ne veux maintenant que retenir l'importance de ce chant commun pour entrer dans la prière et constituer l'assemblée.

LES PSAUMES, LANGAGE DE DIEU

Ceci étant admis, que chanter ? Dans la tradition de l'Église d'Occident, ce chant qui ouvre la liturgie est habituellement un psaume avec un refrain ample et caractéristique de la fête du jour. On le nommait en latin *introïtus* (entrée). D'où le nom d'« introït ». Je dis bien : un psaume. C'est difficile, je le sais. Le français n'est pas une langue très rythmée et sur les questions de traduction viennent se greffer toutes sortes de difficultés d'ordre musical. Bref, nous ne disposons pas d'un répertoire vivant, populaire à l'instar d'autres pays voisins. Les Allemands, les Anglais ont dans leur tradition nationale des chants inspirés des psaumes ou, mieux, des psaumes carrément entrés dans leur sensibilité et leur culture ; nous autres, nous sommes un peu en reste et démunis en ce domaine.

Mais il demeure que l'Église a choisi en priorité les psaumes. Je vous ai déjà parlé de la prière des psaumes[4]. Rappelez-vous que saint Augustin a été converti sur le tard de sa vie par le chant des psaumes ; pourtant leur traduction latine paraissait barbare à cet humaniste. Le peuple de son diocèse d'Hippone (près d'Annaba-Bône, en Tunisie aujourd'hui) savait par cœur les psaumes. Vous m'entendez ? Les chrétiens de ce pays, de cette époque, savaient par cœur les cent-cinquante psaumes qui les enchantaient. Ils y puisaient leur nourriture, c'est-à-dire leur langage. Les mots pour « dire Dieu », ils les avaient trouvés dans les psaumes qu'ils avaient appris par cœur et assimilés.

Savoir par cœur ne veut pas dire répéter comme un perroquet, mais savoir dans son cœur au point que ces mots, reçus de la Parole de Dieu, deviennent votre propre parole. « C'est artificiel ! » direz-vous peut-être. Écoutez-moi, soyez sérieux : le français, est-ce vous qui l'avez inventé ? Les mots

4. Cf. *Premiers pas dans la prière*, Troisième pas : « Ouvrez votre Bible », p. 33 s.

pour vous exprimer, on vous les a bien appris. Et ils sont devenus vos propres mots, votre langue maternelle dans laquelle seulement vous êtes totalement à l'aise. De la même façon, la langue de Dieu doit devenir pour les chrétiens comme une langue maternelle, une langue qui enfante en nous les mots pour parler à Dieu et pour nous comprendre les uns les autres quand nous parlons de Dieu entre croyants. Nous devons apprendre cette langue de Dieu, sinon nous risquons d'être aphasiques, muets, privés de langage.

À qui constate et se lamente : « Je ne sais pas quoi dire ; je ne sais pas prier », je réponds sans hésiter : « Prenez le chant des psaumes. »

LE CÉLÉBRANT, SIGNE DE LA PRÉSENCE DU CHRIST

Vous saisissez mieux, je l'espère, comment ce chant d'un psaume plus encore que tout autre chant ou hymne — car le Christ a prié les psaumes — rassemble les chrétiens venus participer à la messe.

Alors le célébrant entre au milieu de cette assemblée soudée par ce chant d'adoration et de prière. Comment évoquer cette entrée ?

Plus qu'un acte cérémonial parfois solennel (le prêtre s'avançant précédé de la croix et des lumières, et du cortège des servants et des concélébrants), cette démarche liturgique est, à mes yeux, le rappel de l'entrée du Christ-Messie dans le Temple. Saint Luc y est sensible. À plusieurs reprises, il rapporte la présence de Jésus au Temple : tout nouveau-né au jour de la Présentation (2, 22), jeune adolescent lors du pèlerinage annuel (2,46), Messie envoyé du Père pour enseigner (19, 45 ; 21, 37 ; 22, 53). Ces mentions appellent en écho les encouragements du prophète Zacharie pour la reconstruction du Temple (6, 12 s).

Or, l'assemblée des fidèles est déjà la figure du Temple ultime dans la Jérusalem céleste (cf. Apocalypse 5,6) ; c'est le temple spirituel constitué de pierres vivantes, comme le dit l'apôtre Pierre : « C'est en vous approchant de lui le Christ, pierre vivante, rejetée par les hommes mais choisie et précieuse devant Dieu, que vous aussi, comme des pierres vivantes, vous êtes édifiés en maison spirituelle, pour constituer une sainte communauté sacerdotale, pour offrir des sacrifices spirituels agréables à Dieu par Jésus Christ » (1, Pierre 2,4-5).

Quand le célébrant entre dans l'assemblée, il signifie que le Christ se rend présent dans cette demeure faite de ces hommes et de ces femmes assemblés en son Nom. À ce moment, l'assemblée tout entière prend conscience qu'elle devient, par son rassemblement même, Temple saint habité par l'Esprit. Le Christ y fait son entrée et y fait sa demeure en associant à sa Parole et à son Sacrifice de louange son peuple ainsi rassemblé.

LE BAISER À L'AUTEL

Après avoir traversé l'assemblée, le célébrant monte à l'autel, l'embrasse et le vénère. C'est son premier geste avant d'adresser aux fidèles la moindre parole. Pourquoi ? Parce que cet autel, tombeau des martyrs dans les premières communautés chrétiennes, rappelant le sacrifice de leur vie dans l'attente de la résurrection, est le signe en même temps du Christ et du sacrifice d'action de grâce que nous allons offrir. Ce geste de vénération, parfois accompagné d'encensement, signifie que tout est référé au Christ, lui, l'autel, le prêtre et la victime (cf. Hébreux 4, 14s ; 9, 14), lui, présent en cette assemblée.

Après seulement ce baiser à l'autel, si riche de signification dans sa simplicité et son silence, le célébrant, frère au milieu de ses frères, prend la parole et salue l'assemblée : « Au Nom du Père et du Fils et du Saint-Esprit. »

IV

Rassemblés au nom du Christ

LA PREMIÈRE PROFESSION DE FOI

Après la vénération de l'autel, le prêtre qui préside fait face à l'assemblée et commence : « Au Nom du Père et du Fils et du Saint-Esprit. »

Ce premier signe de la croix ne doit pas être tracé machinalement comme un geste conventionnel, une formule stéréotypée qu'use l'habitude. Il exprime, en effet, la première profession de foi dans le mystère de Dieu, comme je vous l'ai déjà dit[5]. L'expression « au nom de.... » est, le

5. Cf. *Premiers pas dans la prière*, Deuxième pas : « Un simple signe », p. 21 s.

plus souvent, mal comprise. Demandez à un écolier ce qu'elle signifie, il vous répondra à juste titre : « en raison des pouvoirs conférés par…, à la place de…, comme délégué de… » Car telle est bien, en français, son acception courante. Mais, dans le contexte biblique, son sens est différent. En effet, cette formule est le décalque d'une tournure spécifiquement hébraïque. Par une sorte de métaphore, elle dit « le nom de Dieu » ou même « le Nom » tout court (pensez à la demande du Notre Père : « que ton Nom soit sanctifié ») pour exprimer la réalité même de Dieu, Dieu au Nom ineffable et que, pourtant, nous osons nommer Père, Fils, Esprit.

L'assemblée adhère à cette profession de foi trinitaire qui manifeste son identité chrétienne en répondant unanimement au prêtre : *Amen*. Cet *Amen* constitue l'assemblée, au premier instant de la messe, dans son acte de foi en la vérité de Dieu. *Amen*, mot hébreu, signifie l'adhésion à la vérité.

LA PREMIÈRE BÉNÉDICTION

Alors le célébrant adresse aux fidèles une salutation magnifique qui résume toute l'histoire du salut. Parmi plusieurs formules possibles, j'en privilégierai deux.

1. « Le Seigneur soit avec vous », ou « Le Seigneur avec vous » (pour mieux rendre la concision de l'hébreu, du grec et du latin, qui exprime non un souhait, mais un fait).

C'est peut-être l'une des plus antiques et des plus belles bénédictions que notre usage liturgique ait réservées à un ministre ordonné (évêque, prêtre, diacre). Elle se trouve presque à chaque page de la Bible. Plus qu'un souhait, c'est un acte de foi, une affirmation qui traverse toute l'Écriture sainte et qui reconnaît Dieu sans cesse présent à son peuple, donc « avec vous ». La bénédiction par excellence ! Car elle est l'expression « condensée » de l'Alliance de Dieu avec son peuple, conclue au Sinaï.

« Le Seigneur avec vous » exprime, en effet, le Nom de Dieu révélé à Moïse. Par respect, la tradition, aussi bien juive que grecque et latine, s'est gardée de transcrire le tétragramme YHWH. Deux reconstitutions modernes d'exégètes ont habitué les lecteurs des traductions françaises de la Bible, d'abord à « Jehovah », puis à « Yahweh ». La seconde de ces transcriptions ne vaut pas mieux que la première, même si elle prétend à une plus grande exactitude. La traduction liturgique, de même que la traduction œcuménique de la Bible, a choisi le Seigneur tandis qu'en latin on disait *Dominus*, en grec *Kyrios*, en hébreu *Adonaï*. Quoi qu'il en soit, ce nom divin signifie que Dieu est avec nous. C'est la révélation non seulement de l'être de Dieu, mais de la présence de Dieu à son peuple (cf. Exode 3, 14). Dire : « Le Seigneur avec vous », c'est confesser l'essentiel de la Révélation, c'est affirmer que Dieu lui-même s'engage à faire sa demeure parmi son peuple, c'est renouveler, dans l'action de grâce et l'espérance, l'Alliance dont Moïse est le médiateur. Comme le fait l'ange Gabriel pour la Vierge Marie à l'Annonciation : « Réjouis-toi, Marie, pleine de grâce, le Seigneur avec toi » (Luc 1, 28).

Quand Jésus, au terme de son chemin en ce monde, dit à ses Apôtres : « Et moi, je suis avec vous jusqu'à la fin des temps » (Matthieu 28, 29), il reprend la même formule et l'applique à lui-même. Lui, le Fils éternel de Dieu fait homme, le Verbe fait chair, habite désormais ce Temple saint qu'est l'Église. Il fait sa demeure en ce peuple nouveau que l'Esprit Saint a rassemblé.

Donc cette salutation : « Le Seigneur avec vous », à laquelle l'assemblée répond : « Et avec votre esprit », c'est-à-dire « avec vous-même », n'est pas une formule banale comme : « Bonjour, Monsieur ; bonjour mes amis. Comment allez-vous ? » C'est une salutation pleine de force et de sens et aussi un acte de foi dans lequel le célébrant et l'assemblée s'échangent et se disent la foi de l'Église en l'Alliance « nouvelle et éternelle ».

2. « La paix soit avec vous », littéralement : « La paix avec vous. » (Là encore, c'est autant l'affirmation d'un fait que l'expression d'un souhait.)

Notre usage liturgique réserve cette formule très ancienne à l'évêque. Nul ne l'ignore, c'est la salutation la plus coutumière dans le peuple d'Israël, mais il ne faudrait pas la banaliser, elle non plus, comme une manière machinale de dire bonjour. Avec le psalmiste, laissons-nous enseigner : « J'écoute ce que dit Dieu, le Seigneur ; il dit : « Paix pour son peuple et pour ses fidèles » (Psaume 85, 9).

La paix telle qu'elle apparaît dans l'Ancien Testament, c'est la plénitude de la vie avec Dieu ; c'est la vie humaine enfin achevée en bonheur parce que Dieu vient faire sa demeure au milieu de son peuple ; c'est la vie de l'homme transfigurée par la joie de vivre avec Dieu entre frères. « La paix avec vous », est en quelque sorte le corollaire de « Le Seigneur avec vous ».

Quand le Christ ressuscité apparaît à ses Apôtres, Il leur dit : « La paix avec vous. Comme le Père m'a envoyé, à mon tour je vous envoie. Recevez l'Esprit Saint » (Jean 20, 19-22). Au soir de la Cène, avant sa Passion, Il leur a confié : « Je vous laisse la paix, je vous donne ma paix. Ce n'est pas à la manière du monde que je vous la donne » (Jean 14, 27). Car il est le Messie, « Prince de la paix » (Isaïe 9, 5), « apparu pour guider nos pas sur la route de la paix » (Luc 1, 79). C'est pourquoi, dans son ultime entretien, Il dit encore à ses amis son ardent désir, alors qu'ils vont être associés à sa passion : « Qu'en moi vous ayez la paix. En ce monde vous faites l'expérience de l'adversité. Mais soyez pleins d'assurance, j'ai vaincu le monde » (Jean 16, 33).

C'EST DIEU QUI NOUS RASSEMBLE

« Le Seigneur avec vous », « La paix avec vous » : lorsque le célébrant salue ainsi l'assemblée, il parle bel et bien au nom du Christ. Alors, une petite remarque sur ces deux formules.

Tous les prêtres, moi le premier, ont été tentés de dire : « Le Seigneur soit avec nous ». Quand je dis aux fidèles : « Le Seigneur soit avec vous », n'est-ce pas comme si je m'excluais de l'assemblée — et quel fidèle ne s'est pas demandé : « Pourquoi le prêtre nous dit-il : “Avec vous” ? Et lui alors ? »

Et bien, je vais vous expliquer pourquoi il faut que nous ayons le courage, nous prêtres qui présidons l'Eucharistie, de vous dire : « Le Seigneur soit avec vous » et de nous situer comme à distance de l'assemblée, à tort, vous semble-t-il. Bien au contraire, nous prenons ainsi notre juste place, notre seule place, conformément au ministère reçu pour vous. Le célébrant n'est pas le porte-parole de l'assemblée. Il n'a pas été « institué » par le groupe des fidèles, mais par le Christ agissant par ses apôtres : « Ce n'est pas vous qui m'avez choisi, c'est moi qui vous ai choisis et institués pour que vous alliez, que vous produisiez du fruit et que votre fruit demeure : si bien que tout ce que vous demanderez au Père en mon Nom, il vous l'accordera », dit Jésus aux Apôtres (Jean 15,16).

Quand je célèbre l'Eucharistie, que je regarde en face l'assemblée et qu'après avoir dit : « Au Nom du Père et du Fils et du Saint-Esprit », je m'adresse à vous par ces mots : « Le Seigneur soit avec vous », alors c'est par ma bouche le Christ qui parle à son Église. J'ai donc le devoir de le laisser vous parler, tout en sachant bien que cette parole que je vous dis en son nom, elle m'est aussi destinée et que, moi, je la reçois au moment même où je la prononce pour vous, dans le même acte de foi : le Christ au milieu de notre assemblée eucharistique nous rassemble par son Esprit pour rendre grâce au Père.

Bien plus, lorsque, comme votre évêque, successeur des Apôtres, je prononce la salutation : « La paix soit avec vous », j'accomplis la mission reçue de Dieu de rassembler dans l'unité et la charité toute l'Église locale (c'est-à-dire le diocèse) et d'être le signe et le garant de sa pleine communion catholique avec la totalité de l'Église. Cette formulation liturgique nous rappelle qu'il n'y a pas d'unité catholique en dehors de l'évêque et du collège apostolique sous l'autorité du Successeur de Pierre.

Voilà les deux formules principales de salutation. La liturgie nous en propose bien d'autres, souvent empruntées au commencement ou à la fin des épîtres de l'apôtre saint Paul, par exemple celle-ci : « La grâce de Jésus notre Seigneur, l'amour de Dieu le Père et la communion de l'Esprit Saint soient toujours avec vous » (2 Corinthiens 13,13).

Toutes très belles, ces formules sont des variantes qui déploient plus ou moins le mystère trinitaire et qui mettent plus ou moins l'accent sur la paix, la joie, toujours sur la présence de Dieu. En effet, quelle qu'elle soit, la salutation initiale du célébrant manifeste cette certitude de foi qui anime l'assemblée chrétienne : Dieu est au milieu de nous et c'est Lui qui nous rassemble.

LE MOT D'INTRODUCTION

Ensuite, il appartient au prêtre d'aider les chrétiens ainsi rassemblés à entrer dans ce sacrifice eucharistique, de les « introduire » en quelque sorte dans la célébration de ce jour. Non par un « mot d'introduction », tel que peut le faire un commentateur, au début d'une émission, pour mettre à l'aise les auditeurs ou les téléspectateurs. Le prêtre doit aider l'assemblée à pénétrer dans le mystère qui va être célébré, ici et maintenant.

Chaque liturgie eucharistique tire son originalité, sa nouveauté, parfois des circonstances dans lesquelles les fidèles se trouvent, souvent de la fête célébrée (mystères de la vie du Christ ou de la Vierge ; mémoire des saints...), toujours de la Parole de Dieu proclamée ce jour, spécialement dans l'Évangile.

Porté par la foi de toute l'Église, nourri avec ferveur de l'Écriture, le prêtre qui préside doit exprimer dans ce mot d'introduction la pulsation de la prière de l'Église assemblée en ce jour, en cette messe. Ce peut être la phrase centrale du passage de l'Évangile proclamé ce dimanche. Que le célébrant n'hésite pas à la lire dès ce moment-là ; ainsi, la parole de Dieu elle-même indiquera aux fidèles dans quelle direction orienter leur prière.

V

Se reconnaître pécheur

LA PRÉPARATION PÉNITENTIELLE

Le prêtre invite l'assemblée à demander d'abord la grâce d'un cœur contrit de ses péchés. C'est ce que signifie l'invitation à « se reconnaître pécheur ».

Un autre « rite pénitentiel », comme nous disons, a lieu après l'offertoire. Il est réservé au seul célébrant qui se purifie les mains (cf. plus loin au chapitre IX). Au seuil de l'Eucharistie, que signifie cette reconnaissance commune de notre péché ? Au moment où le Christ, seigneur de sainteté — « Celui qui nous a appelés est saint », (1 Pierre 1, 15) — nous rassemble pour nous communiquer la plénitude de sa vie par le don de son corps et de son sang et par la communion à son sacrifice, cette démarche nous remet à notre place exacte : nous appartenons à un peuple de pécheurs, mais sanctifié par le Christ. Encore faut-il que, par grâce, chacun reconnaisse qu'il a péché, qu'il nomme dans le secret de son cœur ce qui en lui est refus de Dieu et qu'il le remette à la miséricorde de Dieu pour que Dieu le brûle au feu de son amour.

Bien sûr, cet acte pénitentiel du début de la messe ne remplace pas le sacrement de Pénitence et la confession personnelle de ses péchés à un prêtre pour en recevoir le pardon de Dieu. Mais tout péché ne provoque pas une rupture mortelle avec Dieu. Par la grâce de l'Eucharistie, nous sommes purifiés de ces manquements qui sont seulement éloignements de Dieu, distances prises avec lui.

Le prêtre invite donc les fidèles à ce retournement du cœur, à cette démarche de pénitence où il s'implique lui-même. Aussi dit-il : « Préparons-nous à la célébration de l'Eucharistie en reconnaissant que nous sommes pécheurs. » Liberté lui est laissée d'employer d'autres mots. L'essentiel est l'appel à la conversion. Plutôt que de procéder à un examen de conscience en règle — ce serait hors de propos à ce moment — il s'agit de demander et d'accueillir la grâce de Dieu pour nous reconnaître pécheurs et nous en repentir.

Il s'impose de garder alors un temps de silence pour que chacun, avec tous, se place ainsi sous le regard de Dieu et l'implore : « Seigneur, je te présente ma vie ; tu la connais. Donne-moi d'être peiné de si peu t'aimer et de n'avoir pas aimé mon prochain selon ton commandement. Donne-moi de souffrir de ne pas assez vivre de toi. Ouvre mon cœur fermé. Fais-moi découvrir et mesurer mon péché. À la place de mon cœur durci, mets un cœur brisé et contrit du mal que j'ai fait contre toi. »

Le silence de l'assemblée recueille en une unique prière le secret de chacun.

Ce temps, si bref soit-il, n'est pas sans importance pour la participation de chacun à l'action eucharistique. Pensez aux paroles de Jésus pour la consécration de la coupe, « …le sang de l'Alliance nouvelle et éternelle qui sera versé pour vous et pour la multitude en rémission des péchés… »

L'expression « … mon Corps livré pour vous… » a la même signification. Et dans les prières qui nous préparent à la communion, nous supplions de nouveau notre Père de « nous délivrer du péché » (après le Notre Père) et le Christ de « ne pas regarder nos péchés mais la foi de son Église » (prière pour la paix), etc.

Lisez ici avec attention, en entier, la quatrième Prière eucharistique. Cette prière développe, en une grande action de grâce, toute l'histoire du salut des hommes pécheurs que Dieu délivre par son Fils. Pour nous, prendre la mesure de notre péché, c'est prendre la mesure de l'amour de Dieu qui nous rachète. La tristesse de nos fautes devient allégresse pour le pardon de Dieu. La source en est le Sacrifice du Christ auquel nous donne part la célébration eucharistique.

DEMANDER PARDON À DIEU

Puis, le prêtre commence une prière publique par laquelle l'assemblée confesse qu'elle a péché. Plusieurs formules sont proposées. Je m'arrêterai sur la première, l'une des plus anciennes : le « Je confesse à Dieu ».

Ce qui est beau dans cette prière (il est bon de

la savoir par cœur, je le dis pour les plus jeunes), c'est qu'elle nous situe dans notre vie personnelle en responsabilité devant Dieu et devant nos frères.

« Je confesse à Dieu tout-puissant.... » « Confesser » est un mot peut-être difficile. C'est à la fois avouer et connaître ; c'est faire ou laisser Dieu faire la vérité dans sa vie.

Non pas : je « me » confesse ; « moi », j'ai fait ceci... ; « moi, je » reconnais que « je »... Mais : « je confesse... » À qui ? À Dieu d'abord : « Contre toi et toi seul j'ai péché », redit le psaume 51 (verset 6) en écho à la confession du roi David. C'est l'amour de Dieu qui nous juge, car le péché, c'est le refus de l'amour de Dieu, et donc le refus du Dieu qui est la source de l'amour pour nos frères.

« Je reconnais devant mes frères... [mes frères, c'est l'Église], que j'ai beaucoup péché en pensée, en parole, par action et par omission. » Toutes les zones de la liberté, de l'intelligence et de l'activité humaines sont balayées dans cet aveu public. « Oui, j'ai vraiment péché », ajoutons-nous en nous frappant la poitrine.

Suit une prière de supplication qui s'adresse

d'abord à la Vierge Marie, la première des sauvés, la première dans l'Église. Puis aux anges et à tous les saints sur qui brille la splendeur invisible de Dieu. Enfin à la totalité des hommes, ces frères connus et inconnus qui sont à jamais l'Église. « Priez pour moi le Seigneur notre Dieu. »

La seconde formule est moins fréquemment utilisée. Elle est pourtant très belle ; elle est faite de versets de psaumes dialogués entre le célébrant et l'assemblée :

« Seigneur, accorde-nous ton pardon.

– Nous avons péché contre toi. »

« Montre-nous ta miséricorde.

– Et nous serons sauvés. »

Dans l'une et l'autre formule, le prêtre conclut en invoquant le pardon de Dieu : « Que Dieu tout-puissant nous fasse miséricorde, qu'Il nous pardonne nos péchés et nous conduise à la vie éternelle. » « Amen », reprennent avec lui les fidèles. Vous remarquerez que le prêtre, chrétien avec ses frères, dit « nous », car il se situe parmi les pécheurs. Il est partie prenante, comme tout fidèle, dans cet acte de contrition, dans cette confession du péché commune à tous. Il n'en va pas de même lorsque le prêtre, dans le sacrement de réconciliation, donne à celui qui s'est confessé l'absolution de ses péchés. Dans la formule du pardon sacramentel, le prêtre s'adresse au pénitent en ces termes : « Que Dieu te fasse miséricorde.... » et il l'absout de ses péchés, au Nom de Dieu par le ministère de l'Église, en disant : « Et moi, au Nom du Père et du Fils et du Saint-Esprit, je te pardonne tous tes péchés. »

LE *KYRIE*, UN TRÉSOR HÉRITÉ DES ORIGINES

À la suite de ces deux formules de préparation pénitentielle, on doit normalement dire la petite litanie alternée entre le célébrant et l'assemblée :

« Seigneur, prends pitié.
Ô Christ, prends pitié.
Seigneur, prends pitié. »
ou bien :
« *Kyrie eleison* ; *Christe eleison* ; *Kyrie eleison.* »

Je vous avoue qu'au français, je préfère cette prière en langue grecque telle qu'elle a été conservée non seulement dans l'Église d'Orient, mais aussi dans l'Église latine dès les origines du christianisme.

Tel le Petit Poucet, il nous faut des repères et des témoins pour retrouver le chemin de la prière liturgique, la vie même du peuple de Dieu, les vraies dimensions de l'Église. Dans notre pérégrination, ces mots anciens et étrangers qui émaillent aujourd'hui encore notre liturgie sont un peu les cailloux blancs dont nous avons besoin. En effet, toute la tradition liturgique transmise de siècle en siècle, de nation en nation, de langue en langue, atteste dans la diversité des cultures et des langues l'unité des chrétiens par la prière et la communion avec le Christ. Ainsi, il est toujours impressionnant de constater qu'au cours des traductions variées de l'Ancien et du Nouveau Testament (notamment dans les langues d'Asie mineure avant que le grec puis le latin ne deviennent la langue officielle), des mots sont passés intacts de l'original hébreu, transposés purement et simplement. Ils nous parviennent donc tels que le Christ les a prononcés. Par exemple : *Amen* (oui, c'est vrai), *Alleluia* (louez Dieu), *Hosanna* (sauve donc !), *Sabaoth* (Dieu de l'univers, Dieu des armées célestes), expression si dense, si poétique, si forte qu'elle n'a pas été traduite en latin : pensez au « *Sanctus… Dominus*

Deus Sabaoth ». Et je pourrais continuer la liste ! Encore un exemple : l'évangile de Marc (7, 14) a sauvé une expression araméenne de Jésus lui-même lorsqu'il a ouvert les oreilles et délié la langue d'un sourd-muet : *Ephphata* (ouvre-toi) ; de la liturgie primitive du baptême, elle est passée dans notre nouveau rituel du baptême des petits enfants.

Ainsi donc, dans nos langues et nos liturgies modernes, des termes anciens sont enchâssés comme des pierres précieuses. Ils prouvent la continuité et la catholicité de l'Église à travers sa longue histoire et alors même que, dans leur manière de prier, les peuples divers ont introduit leurs usages, leur sensibilité, leur langue, leur culture[6]. Dans le même ordre d'idée, il n'est pas sans signification qu'à côté du français, de l'allemand, de l'anglais, de l'italien, de l'espagnol, etc. des expressions en latin soient gardées dans des Églises qui ont adopté la langue vivante, la langue maternelle de leur peuple, mais dont la liturgie latine était la source de la vie de foi.

6. Je pense aux apôtres des slaves, saints Cyrille et Méthode dont l'Église a fêté le 11e centenaire. Ils avaient traduit la Bible en slavon, inventant même un alphabet et une écriture : le glagolitique dont une forme plus tardive donnera l'écriture « cyrillique ».

Revenons-en au *Kyrie eleison.* Tout le monde en comprend le sens et beaucoup encore aiment le chanter sur un air ancien ou récent, d'ailleurs. Je m'en réjouis. Car ce *Kyrie eleison* est un témoin privilégié de la langue dans laquelle a été rédigé le Nouveau Testament et par laquelle la Parole de Dieu a été communiquée pour la première fois aux nations païennes. C'est beau, cette mémoire vivante de l'Église à l'aube du troisième millénaire !

L'INVOCATION AU CHRIST

Une troisième forme de prière est souvent utilisée pour la confession des péchés et la préparation pénitentielle. Après le temps de silence que j'évoquais tout à l'heure, on fait précéder chacune des demandes du *Kyrie eleison* par une invocation au Christ :

« Seigneur, envoyé par le Père pour guérir et sauver les hommes…

Ô Christ venu dans le monde appeler tous les pécheurs…

Seigneur élevé dans la gloire du Père où tu intercèdes pour nous…

Prends pitié de nous. »

On peut aussi adapter ces intentions au temps liturgique ou à la fête célébrée. On peut encore adresser la première au Père, la seconde au Fils, la troisième à l'Esprit, ce qui est conforme à l'usage ancien, alors que la litanie de l'Agneau de Dieu qui accompagne la fraction du Pain avant la communion est uniquement adressée au Christ. Mais, c'est toujours une reconnaissance de notre péché et une supplication confiante en la miséricorde de Dieu. Voilà le rite pénitentiel de la messe.

VI

L'hymne du « Gloire à Dieu » et la prière de l'assemblée

LE *GLORIA*, HYMNE D'ACTION DE GRÂCE

Après le rite pénitentiel, les jours de grandes fêtes et les dimanches (hormis ceux de l'Avent et du Carême, temps de pénitence), le célébrant entonne le Gloire à Dieu au plus haut des cieux. Cette hymne, très ancienne, était à l'origine une prière du matin, conservée notamment dans les *Constitutions apostoliques* de la fin du IVe siècle. Peu à peu, elle a été introduite dans la liturgie eucharistique. Au début, seul l'évêque la disait et seulement certains jours, à commencer par Noël, en raison des premiers mots : « *Gloria in excelsis Deo* », qui éclatent dans la nuit de Bethléem et illuminent le mystère de la Nativité. Et puis son usage s'est étendu à d'autres circonstances et il s'est généralisé. Dès le XIe siècle, le Gloire à Dieu est chanté par tous les prêtres et l'assemblée entière, comme nous le faisons aujourd'hui.

C'est une hymne. En effet, dans la tradition liturgique catholique, à côté des psaumes dont je vous ai déjà dit l'importance primordiale et la place incontestée, figurent des « poèmes ». En ce domaine précis, chaque époque s'est montrée méfiante à l'égard des hymnes élaborées par les périodes précédentes, pourchassant avec plus ou moins de vigueur ce qui n'était plus conforme à sa propre sensibilité ou lui paraissait plus ou moins juste au regard de la foi. Il est donc remarquable et révélateur de sa qualité que le *Gloria* se soit ainsi enraciné dans la liturgie eucharistique et y soit demeuré sans interruption au fil des siècles.

Cette hymne est une des plus belles pièces liturgiques qui soient. C'est un vrai trésor pour nourrir la prière aussi bien personnelle que communautaire. Prière d'action de grâce, prière « eucharistique » à Dieu notre Créateur et notre Rédempteur, Dieu unique en trois personnes. Vrai « Magnificat » de l'Église des premiers âges.

COMMENT CHANTER LE *GLOIRE À DIEU* ?

Ce Gloire à Dieu, comment le chanter ? C'est simple, semble-t-il. Tout d'une pièce. Et pourtant actuellement en France, nous n'avons pas réussi à trouver des airs qui s'imposent facilement dans les différentes assemblées. Le célébrant, s'il ne veut pas s'en tenir au *Gloria* dit des Anges, est souvent fort embarrassé devant des fidèles dont il craint qu'ils ne sachent pas le chanter en son entier. Alors, pour ne pas réciter platement le *Gloria* en l'alternant entre le célébrant et l'assemblée, on entrecoupe le texte d'un refrain.

Quelle erreur ! Pourquoi ? Parce qu'ainsi on ne respecte pas le style ni la nature de cette hymne, la transformant en chanson à refrain. Une comparaison pour bien comprendre. Prenez un grand air d'une œuvre lyrique. Imaginez qu'au lieu de le chanter, on le récite et, qui plus est, qu'on l'entrecoupe d'une petite phrase chantée, d'un refrain...

Dans nos assemblées, la chanson à refrain tend à se substituer aux autres formes lyriques. Mais le chant d'entrée est un psaume antiphoné ; le *Kyrie* est une litanie ; le Gloire à Dieu, une hymne ; le Je crois en Dieu, un texte dialogué ou une prose dogmatique ; le *Sanctus*, une acclamation biblique. Si toute prière chantée devient un chant à refrain, n'est-ce pas parce que l'assemblée est supposée incapable d'apprendre ?

Premièrement, reconnaissons que les fidèles savent déjà, en fait, par cœur ce magnifique texte du Gloire à Dieu ; mieux vaut donc le dire d'un trait que d'introduire le « refrain » qui casse au hasard le rythme de la simple récitation. Deuxièmement, chaque fois que s'en offre la possibilité, que le prêtre et l'assemblée le chantent en entier, d'affilée, puisque c'est un poème, non un chant à refrain.

Si les mélodies actuelles en français ne conviennent pas, ce qui n'est pas prouvé, que les compositeurs se mettent à l'œuvre et créent une musique qui se marie avec la langue française et qui parle au cœur, à l'esprit, à la sensibilité de nos contemporains. Et pardonnez-moi ma virulence !

ÉPELER LE MYSTÈRE DE DIEU

Il faudrait méditer longuement chaque phrase de cette splendide louange du *Gloria*. Elle commence par les mots mêmes rapportés dans l'Évangile de saint Luc (2,14) : « Gloire à Dieu au plus haut des cieux et paix sur la terre aux hommes qu'Il aime. »

Vous le savez, cette acclamation des anges a déchiré la nuit de Bethléem et le silence des bergers ; elle rend gloire à Dieu qui, par la naissance du Messie, vient sauver les hommes et leur fait don de son amour.

Ensuite, de l'abondance du cœur — c'est cela aussi la prière — les phrases s'accumulent et se bousculent presque ; les verbes se chevauchent et s'entraînent pour exprimer notre adoration : « Nous te louons, nous te bénissons, nous t'adorons, nous te glorifions, nous te rendons grâce pour ton immense gloire. » Telle une source intarissable, exultation et jubilation jaillissent du fond de nous-mêmes et débordent sur nos lèvres quand nous contemplons le mystère de Dieu.

Amoureusement, avec reconnaissance et admiration, nous le détaillons et l'épelons : « Seigneur Dieu, Roi du ciel, Dieu le Père tout-puissant. »

Tout naturellement, Il nous tourne vers son Fils, le Messie. Dans son humanité, Il reçoit tous les titres de la divinité : « Seigneur, Fils unique, Jésus-Christ ; Seigneur Dieu, Agneau de Dieu, le Fils du Père », Lui notre Sauveur. Puis, d'un trait, dans la conscience de notre misère répétée : « Toi qui enlèves le péché du monde », notre adoration se fait supplication fulgurante : « Prends pitié de nous ; reçois notre prière », avec une confiance réitérée en la puissance du Seigneur, « assis à la droite du Père ».

Alors notre profession de foi christologique redouble, triple : « Toi seul es saint, Toi seul es Seigneur, Toi seul es le Très-Haut : Jésus-Christ. » Elle devient trinitaire : « avec le Saint Esprit » pour s'achever, comme elle a commencé, « dans la gloire de Dieu le Père ».

Par un éclatant *Amen* final, l'assemblée ponctue, comme d'un point d'orgue, ce grand cri débordant de joie et de lyrisme, magnifique crescendo de foi chanté à la gloire de Dieu.

Une dernière remarque : le mouvement même

du Gloire à Dieu est celui de la prière eucharistique, de l'action de grâce qui est celle du Christ : « Je te loue, Père, Seigneur du ciel et de la terre, d'avoir caché... » (Matthieu 11,25), de même dans saint Jean (11,41) : « Père, je Te rends grâce de ce que Tu m'as exaucé... » Cette attitude de prière est celle de toute la prière juive, de la prière de Marie, de Zacharie, de Syméon, de Jésus lui-même, de saint Paul, de tous les Apôtres, de l'Eucharistie catholique. Elle nous situe dans notre relation à Dieu ; elle nous fait entrer dans l'action de Dieu. Notre subjectivité, nos « petites histoires » sont ainsi emportées par le mouvement de l'Amour qui est Dieu ; nous apprenons à aimer Dieu et donc à vraiment aimer les hommes.

Prière qui éduque à l'amour véritable dans l'oubli de soi et l'action de grâce à Dieu en qui chacun se retrouve, par qui le peuple saint est constitué en sa vocation comme en sa mission. Prière qui peut d'autant plus porter toutes les misères et les péchés du monde. Prière du Christ qui nous apprend en quoi son Eucharistie est le sommet de toute prière.

Il est donc important pour les membres de

l'Église de se laisser ainsi éduquer à cette attitude eucharistique. Pour vous en convaincre, relisez ici, par exemple, la troisième Prière eucharistique : vous y retrouverez l'inspiration et des expressions du Gloire à Dieu.

LA PREMIÈRE ORAISON : TOUTE L'ÉGLISE

Puis le célébrant prend la parole et dit : « Prions le Seigneur. » Sur cette invitation, toute l'assemblée s'immobilise et fait silence. Rien ne doit bouger dans l'église, chacun s'arrête.

Il y a là un enseignement plus général à retirer. La célébration liturgique se déroule comme une action diversifiée selon les moments et les « acteurs », ou mieux : les participants et le célébrant. Parfois, nous agissons chacun de notre côté selon notre fonction dans l'Église : par exemple, à l'offertoire, le prêtre ou le servant prépare les oblats sur l'autel tandis qu'on fait la quête auprès des fidèles, que l'organiste joue ou que l'assemblée chante. Chacun fait sa partie, un peu comme dans un orchestre ou comme dans une famille avant un repas : les enfants mettent le couvert, la mère est aux fourneaux, le père descend à la cave ou part vite acheter le pain oublié. Bref, ce que chacun fait contribue à une action commune.

À d'autres moments, au cours de la célébration eucharistique, nous agissons tous ensemble, unanimement. Tout le monde fait la même chose, en même temps, de la même manière. J'en donne un exemple essentiel : le chant du *Sanctus*.

À d'autres, encore, un seul agit pour le profit de tous. Ce peut être une personne (le lecteur ou le chantre, par exemple). Ce peut être un groupe (la chorale). L'assemblée, elle, prie en écoutant.

À d'autres, enfin, un ministre ordonné agit au nom du Christ pour que toute l'Église soit unie à son Seigneur. Par exemple, lorsque le diacre ou le prêtre annonce l'Évangile. Ou encore lorsque le prêtre parle au nom du Christ dans la prière eucharistique.

Quand, donc, le prêtre dit : « Prions », chacun s'arrête. Une fois l'assemblée en silence, chacun, en secret, s'adresse à Dieu à sa façon. Puis le célébrant reprend la parole au nom de l'assemblée pour la prière d'ouverture. C'est pourquoi, vous l'avez sans doute remarqué, les oraisons sont toutes rédigées à la première personne du pluriel :

« Prions », « Nous te prions », « ... pour nous, à nous... ». Le texte, généralement ancien, en est fixé dans le missel romain. C'est un joyau de l'expérience chrétienne qu'il nous faut précieusement garder. La traduction française ne parvient pas toujours à rendre la beauté concise de la langue latine !

LA PRIÈRE TRINITAIRE

Selon la trame rigoureusement trinitaire de la prière chrétienne, cette oraison est adressée au Père des Cieux, au nom du Christ avec qui nous prions « son Père et notre Père » (cf. Jean 20,17), dans l'Esprit Saint qui nous habite et nous donne sa force. Cette prière d'ouverture comporte en général deux parties.

• La première traduit souvent en une seule phrase, sous forme d'action de grâce, un aspect du mystère de Dieu que la liturgie de l'Église propose ce jour-là à notre méditation : « Nous Te bénissons, Dieu qui nous as sauvés... Dieu qui nous as révélé ton amour... Dieu qui es notre Providence... Dieu qui nous guides... Dieu qui as agi ainsi... »

• La seconde partie est une demande pour que

les chrétiens assemblés en cette Eucharistie vivent maintenant et à jamais de ce dont ils rendent grâce.

Quant à la formule de conclusion, elle situe exactement notre prière dans la relation à Dieu notre Père, par le Fils, dans l'Esprit. Nous réaffirmons notre foi dans le mystère de la Sainte Trinité en disant : « Nous Te le demandons, Père très saint, par Jésus Christ Ton Fils notre Seigneur qui règne avec Toi et le Saint-Esprit, maintenant et pour les siècles des siècles. »

« Pour les siècles des siècles » : cette traduction littérale d'une expression hébraïque signifie que la souveraineté divine à laquelle nous accédons par la prière dépasse toute durée humaine, et nous plonge dans le déploiement de l'histoire jusqu'à son achèvement à la fin des temps quand « l'univers entier sera réuni sous un seul chef, le Christ » (Éphésiens 1, 10).

L'assemblée répond : « Amen », affirmant à la fois la véracité de Dieu, « Dieu vrai » (cf. Josué 22, 34 et Jean 17, 3) et la vérité de l'adoration qu'elle lui porte avec la multitude des anges, la foule innombrable des élus qui glorifient Dieu en chantant : « Louange, gloire, sagesse, action de grâce, honneur, puissance et force à notre Dieu pour les siècles des siècles. Amen ! » (Apocalypse 7,12).

Cette oraison qui clôt le rite d'entrée de la messe n'est donc pas une parole quelconque où doive apparaître la personnalité, voire l'originalité du célébrant, qui n'a pas à « se » dire à nous. D'autant que la liturgie prévoit aujourd'hui plusieurs moments où le célébrant est invité à s'exprimer librement et familièrement par des monitions à l'assemblée.

Et on comprend que la tradition ancienne ait incité le prêtre à chanter l'oraison, bien qu'en français nous y soyons moins habitués. Mais l'expérience des communautés monastiques, avec la pratique d'une liturgie régulière et soignée, montre que notre langue s'accommode peu à peu au soutien d'une mélodie. Par le chant, le célébrant (et corrélativement l'assemblée) prend mieux la mesure de la mission sacrée qu'il remplit au service du peuple de Dieu ainsi rassemblé. Les mots français « cantilés » avec sobriété et respect trouvent une plus grande noblesse.

Le prêtre est comme dépossédé de sa manière

de parler, et finalement de lui-même, pour devenir ce que le sacrement de l'Ordre l'a fait au service de tout le peuple de Dieu, c'est-à-dire le porte-parole d'une prière qui habite le cœur de tous — la prière de l'Église — et dans laquelle chacun, chacune doit pouvoir se reconnaître, quelle que soit sa sensibilité ou son humeur du moment.

En écoutant avec recueillement l'oraison d'entrée, chantée ou simplement parlée, en s'unissant à ce que le prêtre dit en notre nom à tous, que chacun dans l'assemblée pense en toute vérité : « Par ces paroles que prononce le prêtre, c'est moi qui prie au nom de l'Église et c'est l'Église qui prie en mon nom. »

La liturgie de la parole

VII

La symphonie de la Parole de Dieu

Ainsi préparée, l'assemblée est prête pour accueillir la Parole de Dieu. Ce que nous appelons maintenant « la liturgie de la Parole » peut commencer. Les dimanches et fêtes, elle est composée :

– d'une part, de l'écoute de trois lectures :

• la première est un passage de l'Ancien Testament, suivi d'un psaume ;

• la seconde est un extrait des écrits apostoliques du Nouveau Testament (Actes des Apôtres, Lettres de saint Paul ou des autres apôtres, Apocalypse) ;

• la troisième est un passage des Évangiles.

– d'autre part, de trois interventions qui constituent la réponse de l'Église à ces lectures (cf. plus loin, chapitre VIII) :

• en premier lieu, l'homélie ou prédication du prêtre ; cette actualisation de la parole de Jésus revient au ministre ordonné, tout comme la proclamation de l'Évangile ;

• en second lieu, la profession de foi baptismale de l'assemblée, le *Credo ;*

• en troisième lieu, la prière universelle ou prière des fidèles pour toute l'Église.

LES TROIS LECTURES

Parlons d'abord des trois lectures de la Parole de Dieu. Pourquoi sont-elles empruntées uniquement à l'Écriture sainte ? Pourquoi pas à un auteur spirituel, à un Père de l'Église, voire à une encyclique du Pape ?

Parce que l'Eucharistie n'est pas n'importe quelle célébration, encore moins une réunion de prière que nous pourrions avoir la libre initiative d'organiser. Comme je vous l'ai déjà dit (cf. chapitre II), la messe est toujours l'acte de l'Église rassemblée par l'Esprit ; le Christ lui-même, Verbe de Dieu fait chair, nous donne en partage la Parole de Dieu, son Père, par l'Écriture Sainte et par son Corps livré et son Sang versé.

Pourquoi trois lectures, toujours prises dans trois registres différents de la Bible ?

Parce que le rapport entre les trois lectures ainsi choisies met en évidence la structure même de la Révélation. En effet, la Parole de Dieu en sa totalité résonne comme une symphonie spirituelle, dans laquelle chaque harmonique est nécessaire pour mieux faire percevoir la beauté et la signification de l'ensemble. De même un accord ne saurait se réduire à l'une ou l'autre des notes qui le composent ; de même un chant polyphonique ne saurait se limiter aux basses ou aux sopranos.

Comment ces trois lectures sont-elles réparties ? Selon un cycle qui se déroule sur trois ans (deux pour les messes de semaine), comme dans la liturgie synagogale qu'a connue le Christ. Ainsi, les chrétiens peuvent être mieux initiés à la totalité de l'Écriture.

Pour bien comprendre la manière dont sont agencées et s'équilibrent les lectures proposées à notre prière et à notre foi dans le nouveau lectionnaire, nous devons partir de l'Évangile.

L'ÉVANGILE

C'est le Christ lui-même qui parle à son Église. Voilà pourquoi sa lecture est plus solennelle que les autres. Il ne s'agit plus seulement de la Parole de Dieu écrite, mais de la Parole de Dieu faite chair réellement, et effectivement présente dans ce sacrement de l'Église. Cette réalité, cette perspective de foi implique deux conséquences :

• L'assemblée se lève. Est-ce simplement par respect, comme jadis dans une classe les élèves se levaient à l'entrée du professeur ou du directeur ? C'est beaucoup plus. Car se lever, dans la symbolique gestuelle chrétienne, c'est se redresser, tel le paralysé grabataire remis sur ses deux pieds par Jésus (cf. Luc 5, 25). C'est aussi l'attitude du Christ ressuscité : « Jésus se tient là, debout au milieu d'eux » (Marc 16, 9). Une assemblée debout est une assemblée de ressuscités ; elle accueille la venue de Jésus ressuscité au milieu de ses frères qu'Il ressuscite. Debout, nous saluons, par le chant de l'*Alleluia*, l'entrée du Christ, Évangile de Dieu.

• C'est au ministre ordonné (évêque, prêtre, diacre) que revient la proclamation de l'Évangile. Configuré au Christ-Tête par le sacrement de l'Ordre, il atteste devant l'assemblée que cette Parole n'est pas une parole ordinaire, mais que, par sa voix, le Christ vivant parle à son Église. Le ministre ordonné est le garant de cette Parole évangélique. D'où les deux ovations qui, dans un raccourci et une équivalence de termes saisissants, accompagnent d'une part, la présentation de « l'Évangile de Jésus-Christ selon saint… » : « Gloire à toi, Seigneur » ; et d'autre part, la reconnaissance finale, « Acclamons la Parole de Dieu » : « Louange à toi, Seigneur Jésus ».

Il s'agit bien de reconnaître le Christ lui-même qui se dit par cette Bonne Nouvelle. En lui sont accomplies toutes les promesses de l'Écriture et réalisés tous les dons de Dieu à son peuple.

L'ANCIEN TESTAMENT

Mais la « mélodie » de l'Évangile ne s'entend bien que dans la symphonie de la Parole de Dieu, jouée à travers toute la Bible pour notre salut et notre joie. En effet, comme l'a dit Grégoire de Nazianze, il y a une révélation progressive : « L'Ancien Testament a clairement manifesté le Père, obscurément le Fils. Le Nouveau Testament a révélé le Fils et insinué la divinité de l'Esprit. Aujourd'hui l'Esprit vit parmi nous et il se fait plus clairement connaître. »

Revenons donc à la première lecture : l'Ancien Testament. Les passages choisis dans le lectionnaire veulent nous montrer cette intime corrélation entre la Parole de Dieu donnée dans l'Écriture et la Parole de Dieu faite chair qui parle en l'Évangile. Les Écritures se répondent et s'éclairent l'une l'autre ; l'une fait comprendre l'autre. Car il existe un lien historique, prophétique, sacramentel entre la révélation de Dieu à Moïse, aux prophètes… et le Fils, Verbe de Dieu incarné. La voix du Père entendue à travers l'Ancien Testament est celle-là même qui résonne aux oreilles des disciples, témoins de la transfiguration du Christ : « Celui-ci est mon Fils bien-aimé ; écoutez-le » (Matthieu 17, 5). Jésus révèle le Père : « Qui m'a vu a vu le Père » (Jean 14,9). Mais pour écouter Jésus parlant dans l'Évangile, il nous faut avoir reçu la Parole du

Père à Israël. Dieu prépare ses enfants au Don de grâce qu'il leur destine et en met dans leur cœur le désir, comme Israël au désert : « Le Seigneur ton Dieu t'a mis dans la pauvreté, Il t'a fait avoir faim et Il t'a donné à manger la manne que ni toi ni tes pères ne connaissiez, pour te faire reconnaître que l'homme ne vit pas de pain seulement, mais qu'il vit de tout ce qui sort de la bouche du Seigneur… Et tu reconnais à la réflexion que le Seigneur ton Dieu faisait ton éducation comme un homme fait celle de son fils » (Deutéronome 8, 3. 5).

C'est pourquoi la lecture de l'Ancien Testament n'est pas une question d'érudition ou de goût particulier. Elle ne sert pas simplement à illustrer l'Évangile. D'une manière singulière, tout à fait irremplaçable, elle nous fait entrer dans l'histoire du salut, dans le mystère du Père, du Fils et de l'Esprit. L'Église ne cesse d'en rendre grâce en chantant le *Magnificat* de la Vierge Marie, toute à la joie de l'Annonciation du Messie : « Dieu, mon sauveur, relève Israël son serviteur. Il se souvient de son amour, de la promesse faite à nos pères en faveur d'Abraham et de sa race à jamais » (Luc 1, 54-55).

LES ÉCRITS APOSTOLIQUES

Reste à voir la deuxième lecture : les écrits apostoliques. Ils font partie du Nouveau Testament. Écriture inspirée, ils représentent une parole spécifique et originale dans la Révélation. Ils communiquent le témoignage rendu par l'Esprit Saint à travers la génération apostolique.

Ainsi, selon la comparaison que j'empruntais à Grégoire de Nazianze, nous écoutons d'abord la parole révélée par le Père, nous en recevons dans les écrits apostoliques ce que l'Esprit lui-même a fait entendre aux Apôtres ; et, enfin, l'oreille devenue doublement attentive (cf. Psaume 40, 7), dans l'Évangile nous recueillons en plénitude la Parole qui est le Fils.

LES PSAUMES, CŒUR DE L'ÉCRITURE

Le psaume, lu après le passage de l'Ancien Testament, est le lien profond de ces trois lectures. Je ne saurais trop insister (voyez plus haut chapitre III, p. 45) sur la place capitale des psaumes pour vivre de la foi. Il faut les connaître, les aimer, les apprendre comme une seconde langue maternelle, faute de quoi nous n'arrivons pas à entrer dans l'Écriture ni à comprendre la Parole de Dieu.

Leur rédaction s'échelonne tout au long de l'histoire de l'Ancien Testament. À coup sûr, les cent cinquante psaumes qui forment notre psautier sont le trésor inspiré et ciselé au fil des siècles par la prière du peuple d'Israël, de Jésus lui-même, des apôtres, puis de l'Église jusqu'à l'achèvement des temps. Les psaumes sont en quelque sorte la plaque tournante qui nous permet d'aller de la parole du Père à la parole vivante du Fils en rejoignant l'expérience de l'Esprit Saint. « Résumé de toute l'Écriture », ils sont la meilleure initiation spirituelle non seulement à l'Ancien Testament, mais aussi au Nouveau. Ils forment comme une mosaïque faite de pierres variées, un *patchwork* si vous préférez. Ils se faufilent dans toutes les pages de la Bible. Chaque mot d'un psaume évoque maintes références, trouve maintes assonances, tant dans l'Ancien que dans le Nouveau Testament. Car le Christ et les Apôtres qui savaient ces textes par cœur n'ont cessé de les méditer et de les employer.

Qui apprendra à prier peu à peu avec les psaumes, en se promenant ensuite dans toute la Bible, s'écriera un beau jour : « Tiens, je comprends ce détail, cette allusion qui, à la première lecture, ne m'avaient rien dit et qui, maintenant, se mettent à résonner en moi. » Il sera surpris d'entendre Dieu qui parle.

Car les psaumes nous accordent au chant de Dieu en nos cœurs.

Encore faut-il respecter ce qu'ils veulent nous faire chanter et ne pas trop les défigurer en les fragmentant. Rien ne vaut la méditation d'un psaume dans son entier, court ou long, mais tel qu'il a été conçu par celui que Dieu a inspiré pour donner, à travers ce poème, sa prière à son peuple[7].

7. Cf. *Premiers pas dans la prière*, Troisième pas, notamment p. 35-36.

VIII

L'ÉCHO DE L'ÉGLISE À LA PAROLE DE DIEU

Après l'écoute des trois lectures, le deuxième temps de la liturgie de la Parole — réponse de l'Église cette fois — se déroule selon trois mouvements que je vous rappelle avant d'entrer dans le détail :

- l'homélie du prêtre
- la profession de la foi de l'Église
- la prière des fidèles.

L'HOMÉLIE DU PRÊTRE

Normalement, elle fait corps avec la proclamation de l'Évangile. C'est vraiment un acte du

Christ qui, par la bouche du prêtre, rend présente sa Parole. Voilà pourquoi, je vous l'ai dit, c'est toujours un ministre ordonné qui doit faire l'homélie, et de préférence le prêtre qui préside l'Eucharistie. Autre est le cas d'un fidèle invité, selon l'occasion, à donner au cours de la messe son témoignage qui, d'ailleurs, ne saurait remplacer l'homélie !

La prédication revêt donc un caractère très particulier. Ce n'est pas une leçon de catéchisme ni un exposé théologique. Ce n'est pas davantage un étalage de sa vie personnelle ni un exercice d'éloquence. C'est pour le prêtre une mission strictement définie, dont l'ampleur et l'exigence ne peuvent se comparer à aucune autre prise de parole publique. Cette mission lui commande de rendre actuelle et accessible à l'assemblée la Parole du Christ qu'il vient de proclamer.

Dès lors, les fidèles feraient erreur s'ils jaugeaient le niveau de l'homélie en jugeant le prédicateur d'un « il parle bien » ou « il parle mal ». Chrétiens, posons-nous la question : écoutons-nous cette homélie comme un message de Dieu pour nous, quelles que soient les imperfections ou les lacunes du « sermon » ? Cherchons-nous à entendre Dieu par son prêtre ? Ou bien prétextons-nous des insuffisances du prêtre pour fermer nos oreilles à Dieu ? Notre acte de foi importe autant que celui du prêtre pour remplir cette difficile mission. Les deux sont liés. Souvenez-vous du cri de Jésus après son sermon en parabole : « Entende qui a des oreilles » (Matthieu 13, 9). Ce n'est pas le prêtre qui change les cœurs des fidèles, mais l'Esprit Saint auquel prêtre et fidèles doivent être disponibles dans cet acte sacramentel de l'Église.

LA PROFESSION DE FOI DE L'ÉGLISE

L'assemblée récite le Credo, le Symbole de Nicée ou le Symbole des Apôtres.

Certains disent : « C'est toujours la même chose ! Pourquoi ne pas varier un peu la formule pour moins s'ennuyer ? » Nous ne pouvons répondre qu'en découvrant pourquoi cette profession de foi est insérée à ce moment dans la messe, le dimanche. Le dimanche, c'est le jour de la Résurrection du Seigneur ; cette idée vous est familière. Et de dimanche en dimanche, les chrétiens, rassemblés à la messe, célèbrent la Pâque du Christ Jésus ; vous le savez bien. Quel rapport maintenant entre cette mémoire du jour de Pâques et la récitation du Credo ?

Rappelez-vous : Pâques, c'est la fête de la Résurrection et donc la fête du baptême, car, par la grâce de ce sacrement, les hommes et les femmes morts avec le Christ sont ressuscités avec Lui. En conséquence, les chrétiens sont invités spécialement lors de la vigile pascale, mais aussi lors de l'Eucharistie dominicale, à renouveler l'engagement de leur baptême.

Or, vous vous souvenez de quelle manière se déroulait cette profession de foi baptismale dans l'Église primitive. Le prêtre demandait au catéchumène : « Crois-tu en Dieu le Père tout-puissant, créateur du ciel et de la terre ? » « Je crois », répondait-il ; et le prêtre le plongeait une première fois dans l'eau baptismale. Ensuite il lui demandait : « Crois-tu en Jésus-Christ, son Fils unique, notre Seigneur, qui a été conçu du Saint-Esprit, est né de la Vierge Marie, a souffert sous Ponce Pilate, a été crucifié, est mort, a été enseveli, le troisième jour est ressuscité des morts, est monté aux cieux, est assis à la droite du Père d'où Il viendra juger les vivants et les morts ? » — « Je crois », répondait le baptisé et le prêtre le plongeait une deuxième fois dans l'eau. Enfin il lui demandait : « Crois-tu en l'Esprit Saint, en la sainte Église catholique, à la communion des saints, à la rémission des péchés, à la résurrection de la chair, à la vie éternelle ? » — « Je crois », répondait-il avant d'être immergé une troisième fois.

Ainsi, notre profession de foi telle qu'elle est formulée au cours de la messe dominicale a son origine dans la triple interrogation et la triple réponse de la célébration du baptême. Réciter le Credo est un signe de reconnaissance de la foi de tous les chrétiens et en même temps le rappel à chacun de son propre baptême. Proclamer ces paroles fixées par l'Église indivise (c'est-à-dire avant les grands schismes), c'est dans une foi renouvelée de Pâques en Pâques, de dimanche en dimanche, nous remémorer l'acte par lequel nous sommes devenus enfants du Père, corps du Christ, temple de l'Esprit, membres de l'Église.

La profession de foi nous invite donc non seulement à faire mémoire de notre baptême, mais à exprimer l'unité de l'Église fondée sur ce sacrement qui fait de chaque chrétien un même être avec le Christ. L'Eucharistie, sacrement de l'unité, accomplit, par l'offrande du Corps et du Sang du Christ donnés en communion, l'amour que l'Esprit Saint déjà a fait naître dans l'Église par le sacrement de baptême.

Nous disons : « Je » crois. Qui parle ainsi quand mes lèvres disent « je » ? Moi-même, d'abord. Même si j'ai des doutes, même si j'éprouve une obscurité sur tel ou tel point de l'enseignement de l'Église, en prononçant ces mots : « Je crois », j'exprime ma volonté de communier à la foi de l'Église plus grande que mon « peu de foi ». Bien plus, par ma bouche, c'est l'Église qui fait entendre sa voix et dit : « Je crois ».

Une expression de la prière du célébrant, avant la communion, peut nous aider à comprendre par analogie cette attitude. S'adressant au Christ, il lui demande : « Ne regarde pas mes péchés, mais la foi de ton Église. »

En tout ce qui précède, j'ai évoqué le Je crois en Dieu, le Symbole des Apôtres. Le Credo développé, le plus souvent récité le dimanche, est un texte dogmatique élaboré lors des conciles œcuméniques de Nicée et de Constantinople (325-381). Ils sont le garant de l'unité de tous les chrétiens, puisque toutes les Églises tiennent ces deux professions de foi comme des « symboles », des signes de reconnaissance de la foi commune. En respecter et en connaître le texte sont un gage de l'espérance œcuménique. Les catholiques, plus que tous, ont le devoir de garder vivante la mémoire de ces signes d'unité de l'Église, et de ne pas inventer des professions de foi de fantaisie, propres à une communauté, voire une personne — fût-elle un saint !

Ainsi donc, la récitation — ou le chant — du Credo à la messe du dimanche est la réponse de l'assemblée à la révélation, rendue présente par la Parole, du mystère de Dieu, Père, Fils, Esprit, notre Créateur et notre Rédempteur.

Le Credo exprime la réponse catholique de cette communauté particulière et manifeste son unité. Il marque, enfin, l'espérance de la réunion de tous les chrétiens, vivants et morts, qui dans le même baptême ont reçu la même profession de foi.

LA PRIÈRE DES FIDÈLES

Heureusement remise en place par la réforme liturgique du concile de Vatican II, la prière des fidèles renoue avec une tradition fort ancienne. Nous avons conservé de magnifiques textes façonnés par les premières générations chrétiennes ; et jadis, les « prières du prône », comme nous disions (une série d'intentions proposées par le prêtre après le sermon), en étaient la trace.

La prière de cette assemblée-ci, limitée à ce lieu, à ce temps, s'élargit à la mesure de l'Église universelle, d'où son nom de « prière universelle ». On l'appelle aussi « prière des fidèles ». Car le prêtre ne fait qu'introduire et conclure cette prière exprimée par les fidèles pour tous les besoins des hommes. Loin d'épouser seulement les intentions d'une communauté particulière, elle devient supplication du peuple chrétien tout entier. En effet, toute célébration de l'Eucharistie est la prière de l'Église universelle pour l'Église universelle. C'est pourquoi une communauté particulière peut se dire catholique. Elle ne célèbre pas sa liturgie, mais celle de l'Église. Elle l'exprime non seulement par le ministère du prêtre célébrant en communion avec son évêque, mais aussi par la mention explicite dans la prière eucharistique du pape, de l'évêque légitime du lieu et de tous les évêques.

Le modèle le plus frappant que nous ayons de cette prière est la grande intercession du Vendredi Saint, à l'heure où l'Église contemple son Christ et Seigneur, cloué au bois de la croix et offrant sa vie en sacrifice au Père des cieux pour le salut du monde.

Voilà achevée la liturgie de la Parole. Elle se déploie, si riche et si belle, et dans un mouvement spirituel si dense et si sûr que nous passons, comme de plain-pied, dans la liturgie de l'Eucharistie avec laquelle, ainsi que je vous l'ai expliqué, elle ne fait qu'un.

La liturgie eucharistique

IX

Le temps de l'offertoire

Nous voici à l'offertoire. Pour reprendre une comparaison musicale, c'est un temps faible entre les deux temps forts que sont la proclamation de la Parole de Dieu et la prière eucharistique proprement dite. Après avoir prêté une attention soutenue à la liturgie de la Parole, l'assemblée marque une pause. Chacun accomplit ce qui lui revient pour le bien de tous.

Que notre regard, alors, se tourne vers l'autel. Souvent un tombeau de martyr à partir des premiers siècles de l'Église, il est le signe et le symbole du Christ, tout à la fois prêtre, autel et victime. C'est la table sacrée du sacrifice selon la tradition des grandes religions et spécialement du judaïsme. Ce n'est donc pas une simple desserte ! Les prescriptions liturgiques insistent sur ce point : l'autel doit apparaître dans toute sa beauté et sa pureté. Aucun objet ne doit y être placé qui ne soit nécessaire et significatif pour la célébration de l'Eucharistie.

Sur l'autel, recouvert d'une nappe, sont posés depuis le début de la messe les luminaires. Jadis, les cierges, portés pour accompagner l'entrée du prêtre en procession, étaient déposés sur l'autel ou au pied. Pourquoi des cierges allumés ? Non par besoin de s'éclairer à défaut d'électricité ! Mais parce qu'une flamme vivante est le signe immémorial qui symbolise le Christ ressuscité, « Lumière du monde » ; souvenez-vous du cierge pascal qui resplendit dans la nuit de Pâques. Peut-être même est-ce un usage qui s'inscrit dans la continuité du candélabre allumé par la maîtresse de maison lors des repas sabbatiques ? Marie le faisait chaque sabbat.

Un crucifix dominera l'autel.

Quant au missel d'autel, qu'il se fasse discret.

Ce n'est qu'une aide pour que le célébrant préside la prière de l'assemblée commodément et sans craindre des trous de mémoire. Que toute la place soit faite pour les offrandes ou oblats déposés sur le corporal à l'offertoire.

LA QUÊTE : TÉMOIGNAGE DE L'OFFRANDE

À ce moment-là, que se passe-t-il ? Si vous le voulez bien, commençons par la quête. Vous me direz : « C'est bassement utilitaire, et faire la quête dérange ! On pourrait la placer à un autre moment, compte tenu de l'état d'esprit de l'assemblée. Par exemple à la sortie, pour ne pas troubler les fidèles. » Ce n'est pas si sûr. Car le bon moment pour la quête, c'est celui-là. Pourquoi ? Parce que cette offrande des fidèles n'est pas une sorte d'impôt, ni une contribution pour le prix d'une place. Mais beaucoup plus que cela.

C'est le gage concret de l'amour fraternel et la participation des chrétiens à la vie matérielle et aux besoins de l'Église. Vous pensez tout de suite aux têtes de rubrique qui figurent sur le bilan annuel du comité de gestion de la paroisse : l'électricité, le chauffage, l'entretien des locaux, la rémunération du sacristain, de l'organiste, de la secrétaire, les frais de polycopie, etc. Certes, mais vous n'y êtes pas tout à fait. Car votre offrande doit permettre aussi à l'Église d'accomplir sa mission de charité en secourant les frères dans le besoin.

Rappelez-vous la collecte de saint Paul pour l'Église de Jérusalem. Autrefois, assez souvent, l'offrande était faite de dons en nature pour un partage des biens.

Quoi qu'il en soit, cette quête fait partie, à sa manière, de la liturgie d'offertoire. L'argent ainsi recueilli est le signe matériel de l'offrande que nous faisons de nous-mêmes, de nos forces et de nos énergies. D'où l'insertion de la quête à ce moment de la messe.

Mais qui veut trop prouver risque de se tromper. Une fois cet argent ramassé, sa meilleure place est la sacristie. Qu'on ne le dépose pas devant l'autel et encore moins sur l'autel. L'argent n'est pas « matière » du sacrement de l'Eucharistie, même si, par notre don, nous voulons exprimer que toute notre vie est unie à la présentation du pain et du vin qui deviendront le Corps et le Sang du Christ.

LA PRÉSENTATION DU PAIN ET DU VIN

Le pain et le vin nécessaires au Sacrifice du Christ, peuvent être apportés solennellement en procession du fond de l'église à l'autel. Pendant la préparation des oblats, il peut y avoir un jeu d'orgue.

Le célébrant présente d'abord à Dieu le pain qui « deviendra le pain de la vie ». Puis, avant de présenter le vin qui « deviendra le vin du royaume éternel », il mêle au vin une goutte d'eau en priant : « Puissions-nous être unis à la divinité de celui qui a pris notre humanité. »

Saint Cyprien de Carthage, frappé par cet usage que le Christ a pu tirer de la tradition, y voit le signe de l'union indissoluble du Christ en sa Passion (le vin) et de son Église (l'eau, notre humanité pécheresse).

De même, les prières que le prêtre dit en présentant le pain et le vin : « Tu es béni, Dieu de l'univers, Toi qui nous donnes ce pain..., ce vin..., fruit de la terre, fruit de la vigne et du travail des hommes », sont des bénédictions que Jésus a prononcées. La terre est la Terre promise où le peuple peut célébrer la gloire de Dieu. Le travail des hommes, lui aussi, est le fruit des grâces divines et il provoque l'action de grâce du croyant.

LE LAVEMENT DES MAINS

Puis le célébrant s'incline et prie humblement le Seigneur d'accueillir ce sacrifice.

Alors, dans les messes solennisées, il peut encenser les dons et l'autel avant d'être lui-même encensé ainsi que l'assemblée : Église, Corps du Christ, Temple de l'Esprit.

Après quoi, tout en disant à voix basse : « Lave-moi de mes fautes, Seigneur ; purifie-moi de mon péché », le célébrant purifie ses mains avec de l'eau. Ne nous méprenons pas sur le sens de ce rite du lavement des mains ou *Lavabo*, comme nous disions jadis en raison du mot latin commençant le verset de psaume qui l'accompagnait : « Je lave mes mains en signe d'innocence pour faire le tour de ton autel, Seigneur » (Psaume 26).

Certains historiens expliquent qu'à l'origine, ce geste était accompli pour des raisons utilitaires de propreté. Le célébrant, disent-ils, s'était sali les mains en recueillant les offrandes en nature apportées par les fidèles. Mais, en fait, ce rite a pris place dans la liturgie eucharistique en fidélité au geste liturgique juif de purification et de pénitence que le Christ, cette fois encore, a pratiqué (cf. Matthieu 15, 2.20 ; Marc 7, 2 ; Luc 11, 38).

Ceci étant acquis, ce simple geste du célébrant, loin d'être accessoire et facultatif, prend toute son importance en nous reliant de nouveau directement à ce que Jésus a accompli (cf. chapitre II).

Un détail, direz-vous. Mais il nous fait découvrir l'enracinement historique de la célébration eucharistique.

LE SACRIFICE DE TOUTE L'ÉGLISE

Toutes les prières qui accompagnent les gestes de l'offertoire (présentation du pain et du vin, humble inclinaison du serviteur de Dieu, lavement des mains) doivent être dites de préférence à voix basse par le célébrant. Les évêques allemands, par exemple, ont défendu qu'elles soient dites à voix haute, les fidèles chantant à ce moment un chant d'offertoire.

Une précision à ce propos. Si certains prières sont dites à voix basse et d'autres obligatoirement à voix haute, c'est que le « moment » et l'action liturgiques le requièrent. Comme je vous l'ai dit, ce temps de l'offertoire est un temps où chacun dans l'assemblée fait ce qui lui revient ; le prêtre prie donc à voix basse. Au contraire, la Parole de Dieu et la prière eucharistique sont toujours proclamées à haute voix, de sorte que tout le monde entende et écoute. « Faites silence », disait le diacre rituellement aux assemblées parfois trop bruyantes dans les longues liturgies orientales.

De même, chaque « moment » de la messe est conclu par une prière à haute voix du célébrant pour laquelle l'assemblée se lève :

– au terme du rite d'entrée, l'oraison d'ouverture (cf. chapitre VI) ;

– au terme de la liturgie de la Parole, l'oraison de la prière universelle (cf. chapitre VIII) ;

– au terme de l'offertoire, l'oraison sur les offrandes ;

– enfin, au terme de la liturgie eucharistique, l'oraison après la communion (cf. chapitre XV).

Autrement dit, le prêtre qui préside rassemble ce qu'il vient de faire ou ce que vient de vivre l'assemblée en une prière d'action de grâce et de demande : prière qui structure et charpente le déroulement de la messe ; prière à haute voix en « nous », presque toujours adressée à Dieu le Père, *« par Jésus le Christ notre Seigneur dans la communion de l'Esprit Saint »*.

Dans le chapitre suivant, nous allons entrer dans la « prière eucharistique ». Arrêtons-nous, ici, un instant pour méditer l'invitation du prêtre : « Prions ensemble au moment d'offrir le sacrifice de toute l'Église », à laquelle l'assemblée répond : « Pour la gloire de Dieu et le salut du monde. »

La célébration eucharistique de votre communauté, de votre paroisse, c'est l'offrande du sacrifice de toute l'Église. Votre assemblée ne « célèbre » donc pas ce que chacun ou le groupe a pu vivre pendant la semaine écoulée ; elle ne doit pas fabriquer ou inventer sa messe. Vous êtes au contraire invités à vous dépasser vous-mêmes pour entrer dans l'action de toute l'Église qui est l'action du Christ lui-même, nous le verrons. Pourquoi ? Répétez-vous ces mots, peut-être difficiles à comprendre : « Pour la gloire de Dieu » qui se révèle par « le salut du monde » (comme le dit saint Irénée) et « pour le salut du monde », en quoi se manifeste « la gloire de Dieu ». Voilà le travail auquel tout chrétien est convié à prendre part lorsqu'il est « convoqué » (c'est le sens premier du mot « église ») pour la célébration de la messe.

Le concile de Vatican II le redit à sa manière (Lumen gentium, § 11) : « Participant au sacrifice eucharistique, source et sommet (culmen) de toute la vie chrétienne, les fidèles offrent à Dieu la victime divine et s'offrent eux-mêmes avec elle ; ainsi, tant par l'oblation que par la sainte communion, tous, non pas indifféremment mais chacun à sa manière, prennent leur part originale dans l'action liturgique. Il s'ensuit que, restaurés par le Corps du Christ au cours de la sainte liturgie eucharistique, ils manifestent sous une forme concrète, l'unité du peuple de Dieu que ce très grand sacrement signifie en perfection et réalise admirablement. »

X

La prière eucharistique

Nous appelons « prière eucharistique » la partie de la messe qui commence par le dialogue introduisant la préface : « Élevons notre cœur... Rendons grâce au Seigneur notre Dieu... » (c'est bien la définition d'une prière eucharistique !) et qui se termine par l'Amen de l'assemblée à la gloire rendue à Dieu, par le Christ, dans la force de l'Esprit Saint.

Mais, d'abord, ne faites pas erreur sur le mot « préface ». Il ne désigne pas, selon l'usage courant en français, le préambule qui présente un livre, une sorte d'avant-propos. Ici, « préface » a le sens du mot latin *praefatio :* parole dite publiquement, solennellement, à haute voix devant toute l'assemblée, par le prêtre qui célèbre.

C'est, en effet, la mission propre de l'évêque ou du prêtre de prononcer — lui et lui seul — cette prière d'action de grâce en laquelle est unie toute l'assemblée. Pourquoi ?

Prêtons attention au début de la première phrase, pratiquement identique dans les différentes « préfaces » : « Vraiment, il est juste et bon de Te rendre gloire, de T'offrir notre action de grâce, toujours et en tout lieu, à Toi, Père très saint, Dieu éternel et Tout-puissant. »

Souvenez-vous maintenant de la conclusion de cette grande prière d'action de grâce : « Par Lui (le Christ Jésus, Ton Fils), avec lui et en lui, à Toi, Dieu le Père tout-puissant, dans l'unité du Saint-Esprit, tout honneur et toute gloire pour les siècles des siècles. Amen. »

UNE PRIÈRE ADRESSÉE AU PÈRE PAR LE PRÊTRE

Nous découvrons dans ces deux phrases, la première et la dernière, la teneur même de toute prière eucharistique, telle qu'elle s'est imposée de façon constante au long des siècles. La prière eucharistique est toujours entièrement adressée au Père. Elle est dite et accomplie au nom du Christ, « par Lui, avec Lui et en Lui », pour son Église assemblée, ainsi unie à son Sacrifice, dans l'Esprit Saint. Cette prière revient donc au prêtre.

Revêtu du caractère de l'Ordination, il est « configuré au Christ-prêtre » (Ministère et vie des prêtres, 2). Agissant, je le rappelle, *in persona Christi Capitis*, « en la personne du Christ-Tête » de son Corps, il donne à l'assemblée d'entrer, par le sacrement de l'Eucharistie, dans cette relation unique au Christ Seigneur. L'action personnelle du ministre ordonné (évêque et prêtre) rend présente à l'Église, Corps du Christ, l'action de sa Tête, de son Chef, Jésus, le Fils qui s'offre pour elle et l'unit à son Sacrifice. Ce rôle personnel et singulier du prêtre — même lorsque dans une concélébration tous les prêtres agissent ensemble en un seul corps sacerdotal — est rendu manifeste par le récit de l'institution où Jésus-Christ lui-même s'adresse personnellement à son Église : « Ceci est mon Corps livré pour vous. Prenez et mangez-en tous… » Il est d'autant plus remarquable que la prière eucharistique qui, dans la tradition, a toujours été dite par le célébrant seul, soit rédigée à la première personne du pluriel, en « nous ».

Plus que la majesté, ce « nous » exprime la communion de l'évêque et des prêtres avec tout le collège apostolique qui veille à la paix et à l'unité de toute l'Église, comme le dit le début de la plus vénérable des prières eucharistiques, la première, l'antique « canon romain » que je vous invite à relire maintenant. Mais ce « nous » inclut aussi le peuple rassemblé, l'Église universelle, les vivants et les morts, pour lesquels intercède le prêtre.

Le concile de Vatican II l'a montré avec force : « Celui qui a reçu le sacerdoce ministériel jouit d'un pouvoir sacré pour former et conduire le peuple sacerdotal, pour faire, dans la personne[8] du Christ (in *persona Christi*), le sacrifice eucharistique et l'offrir à Dieu au nom du peuple tout entier » (Lumen Gentium, 10).

8. « Personne », et non « rôle », qui est une étrange traduction ! Pourquoi donner au mot « *persona* » son sens pré-chrétien de masque théâtral, de « rôle » ? La définition théologique puis anthropologique de la « personne » a coûté assez de peine à l'Église et à l'Esprit Saint !

LA PARTICIPATION DES FIDÈLES

De quelle façon l'assemblée prend-elle part à cette offrande du Christ qui agit en elle par l'Esprit Saint et dont le prêtre est le ministre ?

En participant en sa totalité à l'action eucharistique. Dès le début de la messe, l'assemblée est constituée en signe visible de l'Église, Corps du Christ, par sa foi, son espérance, sa charité. L'accueil mutuel des frères et des sœurs du Christ, la réception de la Parole de Dieu et la profession de foi baptismale ont rassemblé ces « enfants de Dieu dispersés » en Église capable d'offrir le Christ et de s'offrir avec lui. Et la messe s'achèvera par la communion au Corps et au Sang du Christ. Chacun est uni de la façon la plus personnelle et la plus intime au Christ lui-même pour ne former ainsi qu'un seul Corps : l'Église répandue parmi toutes les nations, rassemblant les hommes que Dieu aime du commencement à la fin du monde.

Cependant, il faut souligner l'importance de la participation vocale de l'assemblée à la prière eucharistique proclamée par le prêtre.

D'abord, en son début, l'assemblée dialogue

avec le célébrant, s'exhortant mutuellement à l'action de grâce :

– Élevons notre cœur.

– Nous le tournons vers le Seigneur.

– Rendons grâce au Seigneur notre Dieu.

– Cela est juste et bon. »

Puis, en conclusion de la prière eucharistique, la doxologie (du mot grec qui signifie « gloire »), proclamée uniquement par le prêtre en élevant le Corps et le Sang du Christ : « Par Lui, avec Lui et en Lui, à Toi, Dieu le Père tout-puissant, dans l'unité du Saint-Esprit, tout honneur et toute gloire pour les siècles des siècles », s'achève par l'Amen unanime de l'assemblée, acte de foi et d'action de grâce.

Dans le corps même de la prière eucharistique, une prière essentielle est dite unanimement par toute l'assemblée avec le prêtre : le « *Sanctus* ». « Saint, saint, saint, le Seigneur, Dieu de l'univers… »

Bien plus, comme le texte liturgique le rappelle, cette adoration de l'Église de la terre est faite d'une seule voix avec l'adoration de la création invisible évoquée dans la vision d'Isaïe (6, 2-3) d'où nous avons reçu ce chant, l'une des parties les plus anciennes de la liturgie : Jésus lui-même le chantait dans la prière de la synagogue.

LES PRIÈRES AU CHRIST

Mais, m'objecterez-vous, ne prie-t-on pas directement le Christ lui-même dans la messe ? Si, bien sûr. Relevons soigneusement à quels moments et en quels termes. Nous avons déjà réfléchi au rite pénitentiel du début de la messe : les chrétiens implorent le Christ de les délivrer de leurs péchés. Vous vous souvenez de l'acclamation de l'assemblée au début et à la fin de la lecture de l'Évangile pour rendre gloire au Christ qui lui parle.

Pendant la prière eucharistique, après la consécration, en un cri d'adoration, l'assemblée « fait mémoire » (« anamnèse ») du Christ « mort et ressuscité » Sur l'invitation du célébrant à reconnaître ce « mystère de la foi », les fidèles s'adressent au Christ présent sur l'autel en son Eucharistie. Ils disent, par exemple : « Nous proclamons ta mort, Seigneur Jésus. Nous célébrons ta résurrection. Nous attendons ta venue dans la gloire. »

Enfin, avant la communion, pendant la fraction du pain consacré, l'assemblée chante ou récite une petite litanie, adressant sa supplication au Christ Jésus, Agneau de Dieu. Elle l'implore d'avoir pitié de son péché et le supplie : « Donne-nous la paix. »

Il faudrait ajouter ici la première des trois prières que le prêtre, jadis, disait à voix basse pour se préparer à la communion. Désormais, après le Notre Père, à haute voix, au nom de la totalité de l'assemblée, le prêtre prie : « Seigneur Jésus Christ, Tu as dit à tes apôtres : Je vous laisse la paix, je vous donne ma paix. Ne regarde pas nos [et non plus : "mes" comme lorsque le prêtre récitait cette prière pour lui seul] péchés, mais la foi de ton Église… Donne-lui toujours cette paix… »

S'il le désire, il peut toujours réciter la seconde : « Seigneur Jésus-Christ, Fils de Dieu vivant,… Tu as donné par Ta mort la vie au monde ; que Ton Corps et Ton Sang me délivrent de mes péchés et de tout mal… », ou la troisième : « Seigneur Jésus-Christ, que cette communion à Ton Corps et à Ton Sang n'entraîne pour moi ni jugement ni condamnation… » À voix basse, dans l'humble attitude du chrétien qu'il est et qui se prépare à recevoir le Corps du Christ.

Toutes ces prières interrompent, d'une certaine façon, le mouvement de l'Eucharistie où l'Église s'adresse au Père par le Christ dans l'Esprit.

C'est l'Église, composée de pécheurs, qui se retourne vers Jésus son Rédempteur, l'Église épouse qui s'adresse au Christ son Époux pour recevoir de lui sa part du festin nuptial.

L'ACTION DE L'ESPRIT SAINT

Les Prières eucharistiques II, III et IV, qui reprennent des traditions très anciennes, mettent bien en évidence les deux demandes, « épiclèses » — qui sont adressées au Père — d'envoyer son Esprit Saint sur le Corps eucharistique et sur le Corps ecclésial du Christ. D'abord, avant la consécration : que l'Esprit « sanctifie » les offrandes du pain et du vin pour qu'elles deviennent le Corps et le Sang du Fils. Puis, après la consécration, pour que les fidèles nourris du Corps du Christ, remplis de l'Esprit Saint, deviennent eux-mêmes une éternelle offrande à la gloire du Père.

Plus profondément encore, c'est toute l'action

eucharistique qui est accomplie dans l'Esprit Saint.

Vous le voyez, la finale de la prière : « Par Lui, avec Lui et en Lui… » condense admirablement le double événement de l'Eucharistie du Christ, acte de culte de l'Église et acte de Dieu — Père, Fils, Esprit — qui nous unit à sa vie.

XI

Sacrifice d'action de grâce

Toute la prière eucharistique est adressée à Dieu notre Père. Pour mieux la comprendre, posons-nous trois questions : Qui parle ? Qui offre ? Qui est offert ?

QUI PARLE ?

- Le prêtre.

C'est évident, comme je vous l'ai montré. Mais, à haute voix, il parle toujours à la première personne du pluriel : « Nous », « notre »... Par sa bouche, c'est l'Église qui parle, totalité du Corps du Christ. Au fur et à mesure que se déroule cette prière, en s'adressant à Dieu le Père, il dit : « Toi »,

« Tu ». Et quand il est question du Christ Jésus, le prêtre en parle à la troisième personne : « La veille de sa passion, Il prit du pain, en te rendant grâce, Il le bénit… et le donna à ses disciples en disant… »

• Le Christ.

Alors, à ce moment précis, le prêtre parle à la première personne du singulier pour prêter sa voix au Christ et le laisser prononcer les paroles mêmes de l'institution de l'Eucharistie : « Ceci est mon Corps livré pour vous… Ceci est mon Sang versé pour vous… Vous ferez cela en mémoire de moi. »

• L'Église.

Par le ministère du prêtre qui peut alors dire les paroles que Jésus lui-même a dites, l'unique Sacrifice du Christ est rendu sacramentellement présent à l'Église rassemblée. Chaque sacrifice de la messe est un sacrifice véritable qui ne fait jamais nombre avec l'unique Sacrifice de la Croix.

Ainsi, le Christ, le prêtre, l'Église, indissolublement parlent et agissent dans cette prière eucharistique adressée au Père. Et cette remarque toute grammaticale est importante, car elle nous aide à entrevoir le mystère dans lequel nous entrons, ce mystère unique du salut, ce mystère du Christ mort et ressuscité confié à l'Église. Oui, vraiment, comme le célébrant nous le dit après la consécration : « Il est grand le mystère de la foi ! »

L'EUCHARISTIE, OFFRANDE ET SACRIFICE

L'Eucharistie, en grec, c'est l'action de grâce. Effectivement la prière dite « eucharistique » commence, avec la préface (cf. chapitre X), par bénir Dieu pour toutes choses et toutes vies, et spécialement pour le salut qui nous est donné. C'est pourquoi l'action de grâce chrétienne — la prière même du Christ — ne consiste pas seulement en paroles, ni à dire un merci poli à Dieu pour les bienfaits reçus.

- L'Eucharistie est essentiellement offrande.

Et l'offrande qui est faite à Dieu est sans commune mesure avec un somptueux cadeau acheté pour un ami ou, plus précieux encore, le don de quelque chose qui est à soi en propre ; comme on dit à un membre très cher de sa famille : « Je te donne ceci qui m'appartient et auquel je tiens comme à la prunelle de mes yeux. » Voire : « Je suis prêt à donner pour toi ma propre chair. » Plus encore, quand des époux se disent l'un à l'autre : « Je me donne à toi », ils devinent que ce don mutuel, qui les unit dans l'amour et qu'ils devront vivre tout au long de leur vie, subira l'épreuve du temps et se heurtera à l'opacité des personnes dans l'impossibilité de coïncider parfaitement l'une avec l'autre, à travers le langage du corps et de l'esprit.

L'Eucharistie est beaucoup plus que cela. Elle est offrande à Dieu de tout nous-même : notre liberté, notre intelligence, notre cœur ; bref l'offrande de ce qui, de par notre existence même, nous fait être de Dieu et communier à son amour.

Quand, ainsi, nous nous tournons vers Dieu et que nous lui rendons grâce avec le Christ, par Lui, en Lui, l'Eucharistie est offrande et en même temps sacrifice.

• Sacrifice, au sens le plus fort du mot.

Non seulement immolation, comme les sacrifices sanglants d'animaux au temps de l'ancienne Alliance, mais, plus fondamentalement, mise à la disposition de Dieu, transfert dans le sacré de Dieu, un « faire sacré », comme saint Augustin l'explique dans sa définition du sacrifice. Sacrifier, c'est-à-dire : rendre sacré, rendre à la propriété, au bon vouloir de Dieu.

Le sacrifice nous réconcilie avec Dieu, non pas parce que notre offrande gagnerait ses faveurs, comme si Dieu avait besoin qu'on l'achetât ! Mais parce qu'avant tout et par dessus tout, le sacrifice authentique est un geste d'amour qui inverse le péché, refus d'action de grâce et donc « envers » de l'Eucharistie. Le péché, c'est se détourner de Dieu et s'aimer soi-même jusqu'au mépris de Dieu, jusqu'à l'oubli de Dieu, jusqu'à la négation de Dieu. Alors que la sainteté, c'est aimer Dieu et s'ouvrir à lui, fût-ce au prix de ce qui, à l'homme égoïste, semble plus qu'un oubli de soi-même : « une perte de soi-même », comme dira Jésus dans l'Évangile (cf. Matthieu 10, 39).

Le véritable sacrifice que vont réclamer les prophètes et qu'accomplit le Serviteur souffrant annoncé par Isaïe (42,1-9 ; 49,1-6 ; 50,4-11 ; 52,13-53,12), c'est l'offrande amoureuse de la liberté et non plus le sang répandu des animaux. Jésus bénira la coupe de vin lors de la dernière Cène en disant : « Ceci est mon Sang de l'Alliance, versé pour la multitude » (Matthieu 14, 24).

À bien des reprises, les prophètes ont rappelé au peuple de Dieu le sens du culte sacrificiel, par exemple Osée (6, 6) : « C'est l'amour qui me plaît et non le sacrifice [comprenez : des animaux] et la connaissance de Dieu, je la préfère aux holocaustes » (comprenez : de béliers, d'agneaux, etc.). Pour l'homme pécheur, le sacrifice — non seulement gage, mais expression de l'amour de Dieu reconnu et retrouvé — est une délivrance du péché. Il répare ce que le péché a détruit ; il expie l'offense, le blasphème, l'horreur que le péché a entraînés. À la dévastation de la violence et de la haine, il substitue l'amour qui reconstruit ; il rend à l'homme sa plénitude et sa beauté, il le ressuscite. Le vrai sacrifice se situe bien au-delà des pauvres offrandes des hommes, pourtant accomplies sur l'ordre de Dieu (souvenez-vous des sacrifices faits au Temple selon la loi de Moïse). Le vrai sacrifice voulu par Dieu, comme le rappelle le psalmiste (51, 19) : « C'est un esprit brisé ; Dieu, tu ne rejettes pas un cœur brisé et broyé. » C'est l'offrande d'un cœur pur et contrit.

• Le sacrifice du Christ et de l'Église.

Dans cette longue tradition spirituelle, dans

cette patiente pédagogie de Dieu, nous comprenons mieux le Christ. « De sacrifice et d'offrande, tu n'as pas voulu ; mais tu m'as façonné un corps. Holocaustes et sacrifices pour le péché ne t'ont pas plu. Alors j'ai dit : Me voici ; car c'est bien de moi qu'il est écrit dans le rouleau du livre… Je suis venu, ô Dieu, pour faire ta volonté » : ces paroles du psaume 40 (7-9) ont été justement appliquées au Christ entrant dans le monde (cf. Hébreux 10, 5-9).

En s'offrant lui-même en sacrifice dans l'action de grâce, Jésus accomplit l'acte souverain du Fils unique de Dieu, du Verbe fait chair, Sauveur et Rédempteur qui délivre l'homme de son péché et le fait entrer dans la pleine communion avec Dieu. C'est pourquoi saint Augustin pourra écrire : « Le vrai sacrifice contribue à nous unir à Dieu dans une sainte société pour notre béatitude. »

À la question : « Qui parle dans la prière eucharistique ? », nous devons répondre : le prêtre. Mais c'est aussi Jésus qui parle en son Église. Le récit de l'institution de l'Eucharistie, tel qu'il est repris de l'Évangile dans la prière eucharistique, est à cet égard fort impressionnant et tous les cœurs chrétiens ne cessent d'y revenir comme à une source inépuisable dont on n'a jamais fini d'explorer la richesse. Lisez dans votre Nouveau Testament les quatre récits : Matthieu (26, 26-29), Marc (14, 22-25), Luc (22, 15-20), 1 Corinthiens (11, 23-26) et comparez-les au texte liturgique.

QUI OFFRE ?

• Le Christ.

Dans son Église, pour le salut des hommes, il offre sa vie en sacrifice au Père. À ses frères, il donne sa chair en nourriture : « Prenez et mangez en tous : ceci est mon Corps livré pour vous » ; et son sang en breuvage : « Prenez et buvez en tous car ceci est la coupe de mon Sang, le sang de l'Alliance nouvelle et éternelle, qui sera versé pour vous et pour la multitude en rémission des péchés. »

• Le prêtre.

Ministre du Christ, ministre de l'Église, il offre sacramentellement. Ses gestes et ses paroles le signifient. À la fin de la prière eucharistique (cf. chapitre X), en un geste d'offrande à Dieu le Père, il élève à la fois le pain devenu Corps du Christ et le vin devenu Sang du Christ, réunis entre ses mains, en disant : « Par Lui, avec Lui et en Lui, à Toi, Dieu le Père tout-puissant, dans l'unité du Saint-Esprit, tout honneur et toute gloire pour les siècles des siècles. »

L'Église assemblée répond : « Amen. »

À travers cette acclamation, elle s'unit au sacrifice du Christ et l'offre, par le prêtre, à la gloire du Père.

QUI EST OFFERT ?

• Le Christ, bien sûr.

Nous le savons depuis le témoignage de la première génération apostolique. « Il s'est offert une seule fois pour enlever les péchés de la multitude » (cf. Hébreux 9, 26-28) ; et encore : « Nous avons été sanctifiés par l'offrande du Corps de Jésus Christ faite une fois pour toutes » (10, 10) et pour l'éternité, en cet instant où il est mort sur la croix.

Ressuscité d'entre les morts, à jamais dans la gloire de Dieu, il est présent dans l'Eucharistie. Le Christ est offert en son Corps et en son Sang, « offrande vivante et sainte » (Prière eucharistique III).

- L'Église.

Corps entier du Christ, elle est aussi offerte avec le Christ-Tête, par Lui, avec Lui, en Lui. En effet, comme le disait Paul VI dans l'encyclique Mysterium Fidei, en 1965 : « Elle a appris à s'offrir elle-même dans le sacrifice qu'elle offre, en sacrifice universel, appliquant au salut du monde entier la vertu rédemptrice, unique et infinie, du sacrifice de la Croix. » Et nous osons dire en particulier dans la troisième Prière eucharistique : « Regarde, Seigneur, le sacrifice de ton Église et daigne y reconnaître celui de ton Fils qui nous a rétablis dans ton Alliance. »

Et le prêtre continue : « Que l'Esprit Saint fasse de nous une éternelle offrande à ta gloire. »

Chacun de nous, membre du corps du Christ, est offert et s'offre lui-même « dans le Christ en une vivante offrande », selon l'expression de la quatrième Prière eucharistique, ou « en sacrifice vivant, saint et agréable à Dieu », selon les termes par lesquels l'apôtre Paul exhorte les chrétiens de Rome à vivre un culte spirituel (Romains 12,1). Le concile de Vatican II précise : « C'est par le ministère des prêtres que se consomme le sacrifice spirituel des chrétiens, en union avec le sacrifice du Christ — unique Médiateur — offert au nom de toute l'Église dans l'Eucharistie par les mains des prêtres, de manière non sanglante et sacramentelle, jusqu'à ce que vienne le Seigneur lui-même (cf. Ministère et vie des prêtres § 2 ; cf. aussi Lumen gentium § 11 et La sainte liturgie § 48).

À la messe, action du Christ et de l'Église, selon l'expression de Paul VI reprise dans Ministère et vie des prêtres, § 13, se trouvent réunis et accomplis action de grâce et sacrifice. « Par une offrande unique, Jésus-Christ a mené pour toujours à l'accomplissement ceux qu'Il sanctifie. C'est ce que l'Esprit Saint nous atteste lui aussi » (Hébreux 10, 14-45).

Oui, richesse inouïe de la prière eucharistique ! En Église, dans l'Esprit Saint qui nous habite, avec le Christ, par Lui, en Lui, nous sommes tournés vers le Père et agréés en éternelle offrande à la louange de sa gloire (Prière eucharistique IV).

XII

Vous ferez cela en mémoire de moi

Quand nous célébrons la messe, nous faisons ce que Jésus lui-même a fait au soir de la Cène (du latin *cena* qui signifie repas du soir), probablement le dernier repas pascal qu'Il a célébré avec ses Apôtres et qu'Il a présidé selon le rituel juif. Cette proposition va beaucoup plus loin que nous ne le pensons de prime abord.

En effet, si la grande prière d'action de grâce, la « prière eucharistique » se retrouve selon le même mouvement et avec les mêmes mots dans toutes les traditions liturgiques chrétiennes, malgré leur grande diversité et la disparité des rites, c'est parce que Jésus lui-même a prié ainsi. Dans notre manière de prier, nous continuons de prier à l'exemple de Jésus. Sa prière d'action de grâce est reconnaissance rendue à Dieu le Père tout-puissant et elle « fait mémoire » des merveilles accomplies depuis l'œuvre de la création jusqu'au mystère du salut, achevé par le don de son Corps livré et de son Sang de l'Alliance, « versé pour la multitude en rémission des péchés ». Ce « faire mémoire » de l'action de Dieu nourrit et constitue notre prière.

LE *SANCTUS*

Après le dialogue initial de la prière eucharistique, le célébrant proclame, seul, la préface (cf. chapitre X) ; il rend grâce à Dieu pour tous ses bienfaits et spécialement parce qu'il est notre Dieu, qu'il nous a créés, appelés et choisis pour le louer et « servir en sa présence » en chantant : « Saint, Saint, Saint le Seigneur… » Ce chant du Sanctus par l'assemblée unanime est l'un des moments-clé de la prière eucharistique.

« Saint, Saint, Saint le Seigneur, Dieu l'univers. Le ciel et la terre sont remplis de ta gloire. » Ces paroles, première partie du *Sanctus* de la messe, sont tirées du livre d'Isaïe, au chapitre 6, verset 3. Elles ont retenti aux oreilles d'Isaïe le jour où, dans le Temple, la Gloire de Dieu, c'est-à-dire le mystère même de Dieu, se dévoile devant lui et où lui est annoncée sa vocation de prophète. Alors qu'il se sait pécheur, « homme aux lèvres impures au milieu d'un peuple aux lèvres impures », il entend toute la cour céleste des puissances angéliques représentées par les séraphins. Dans un chant inouï, écho d'une acclamation usuelle dans la liturgie juive, les créatures invisibles de Dieu reconnaissent la sainteté unique de Dieu et adorent le Dieu trois fois saint, « le Seigneur *Sabaoth* », expression hébraïque traduite tantôt par « Dieu de l'univers », tantôt par « le Dieu des armées », tantôt par « le Dieu tout-puissant » : « C'est Lui le roi de gloire », commente le psalmiste (24, 10).

« Le ciel et la terre sont remplis de ta gloire. » La totalité de l'univers, au-delà de ce que nos yeux et notre intelligence peuvent percevoir, est remplie de la Gloire divine. Dieu, en sa plénitude, est présent à toutes choses, sur la terre comme au ciel. Non qu'Il soit, si je puis dire, co-extensif au monde, voire l'âme du monde. Mais, Père et créateur, Il tient et soutient toutes choses en sa main puissante et en son amour miséricordieux.

UNE ACCLAMATION MESSIANIQUE

« Hosanna au plus haut des cieux. Béni soit celui qui vient au nom du Seigneur. » Cette seconde partie du *Sanctus* est une acclamation messianique tirée du psaume 118, versets 25-26. Je le rappelle (cf. chapitre V), le mot *Hosanna*, passé tel quel dans la liturgie chrétienne, signifie en hébreu : « Sauve donc ! » Il est traduit par exemple : « De grâce, donne le salut », ou encore : « Donne, donne la victoire. » Ce psaume rythmait l'entrée dans le Temple, en cortège, rameaux en mains (cf. verset 27), le septième jour de la fête des Tentes ou Tabernacles. C'est pourquoi (les quatre évangélistes le rapportent) la foule, traditionnellement palmes à la main, reprendra ce chant pour acclamer Jésus à son entrée dans Jérusalem, en Roi-Messie, doux et humble, monté sur un ânon : « Hosanna au Fils de David ! Béni soit au nom du Seigneur celui qui vient. Hosanna au plus haut des cieux ! » (cf. Matthieu 21,9).

Vous le voyez, dans une intuition spirituelle très sûre de ce que Jésus vécut et accomplit, la liturgie chrétienne a joint avec force et cohérence ces deux passages de l'Écriture pour en faire un élément capital et irremplaçable de la prière eucharistique ; il est essentiel de les respecter littéralement pour ne pas fausser le mouvement même de la célébration de l'Eucharistie. Il n'est ni raisonnable ni admissible d'accommoder, d'arranger ces paroles simplement pour faciliter le travail des musiciens ou pour des raisons souvent fortuites et secondaires. Certes, on peut faire des paraphrases sur toutes sortes de textes, mais il en est qu'on n'a pas le droit de paraphraser ; on doit par honnêteté et souci de vérité les prendre tels quels : le *Sanctus* est de ceux-là. L'acclamation : « Saint… » fait partie de la liturgie synagogale célébrée par Jésus lui-même. L'Église lui a reconnu sa portée spécifiquement chrétienne, messianique, en y adjoignant les versets du psaume 118. Nous sommes donc en présence d'un texte à la fois scripturaire et ecclésial, parfaitement construit littérairement et théologiquement.

Désormais en Jésus, Fils de David et Messie de Dieu, notre Église d'hommes pécheurs et mortels — fût-ce une poignée de fidèles à la voix trébuchante ! — fait retentir en chaque Eucharistie l'hymne toujours nouvelle de la création entière, de l'univers délivré, de l'humanité rachetée. Unis à l'adoration plénière de l'Église des cieux que nous n'en finissons pas de passer en revue : « Les anges, les archanges, les puissances d'En-Haut et tous les esprits bienheureux », unis à la contemplation de l'Église en sa part invisible, unis à l'action de grâce de toutes les libertés humaines déjà dans la gloire du Seigneur, dans la communion des saints rassemblés devant la face de Dieu, sans fin nous proclamons à la gloire du Père : « Saint, Saint, Saint… », en Jésus, le Saint de Dieu (cf. Jean 6, 69).

LE SOIR DE LA CÈNE ET L'EUCHARISTIE AUJOURD'HUI

Le soir de la Cène donc, Jésus rend grâce et gloire à Dieu, son Père et notre Père. Dans un geste rituel, d'abord Il récapitule, mieux Il remémore toute l'histoire du salut ; ce que nous faisons aujourd'hui à notre façon dans la Prière eucharistique IV : la création du monde, l'appel d'Abraham, la délivrance d'Égypte avec l'Exode et la Pâque, le don de l'Alliance au peuple choisi et chéri comme un fils, l'espérance de la sainteté, la présence de Dieu en son Temple, la promesse d'un Messie sauveur de tous les hommes, appelés à devenir Fils dans le Fils. Dans ce même geste rituel, dès lors sacramentel, par amour, Jésus s'offre lui-même en ce pain, sacrement de son Corps livré, en ce vin, sacrement de son Sang versé pour la multitude, en signe de l'Alliance nouvelle et éternelle. Il anticipe sur sa mort et sa Résurrection ; Il anticipe sa Passion et sa Pâque.

D'avance, ce Jeudi-Saint, Jésus donne à ses Apôtres ce qu'il va accomplir par sa mort sur la croix le Vendredi, et par sa Résurrection le troisième jour la puissance du Père et de l'Esprit qui transfigure son corps de chair mortelle en corps de gloire.

Lorsque nous, aujourd'hui, nous célébrons l'Eucharistie, nous faisons ce que Jésus a fait avant sa Passion, en accomplissant les mêmes gestes, disant les mêmes paroles, suivant le mouvement même de sa prière. Mais nous ne nous contentons pas de les répéter de façon mécanique, voire magique. Si nous pouvons et devons le faire aujourd'hui, donc après sa Passion, c'est parce que le Christ a vécu le présent de sa Passion, et c'est grâce à sa Passion à laquelle nous sommes unis en ayant part à sa Résurrection.

Parce que le Christ est mort pour nos péchés et est ressuscité pour notre vie, parce que le sacrement de baptême nous a plongés dans sa mort et sa Résurrection, désormais nous sommes constitués membres du Corps du Christ et réunis en un peuple nouveau, l'Église. Dès lors, ainsi unis au Christ, nous pouvons, par l'Esprit Saint qu'il a répandu en nos cœurs, offrir après sa Passion ce qu'il a d'avance offert à la veille de sa Passion, avant de s'enfoncer dans la mort pour que Dieu manifeste sa puissance en le ressuscitant. Dès lors, nous pouvons, aujourd'hui et chaque jour, accomplir l'action de grâce, l'Eucharistie de Jésus, et célébrer le sacrifice qu'il a rituellement présenté à son Père avant sa Passion, ordonnant à ses Apôtres : « Vous ferez cela en mémoire de moi. »

LA MESSE, MÉMORIAL DE NOTRE RÉDEMPTION

Le sacrifice de la messe nous inclut dans l'action de Jésus accomplie avant sa Passion et nous donne part au sacrifice de la croix et à la puissance de la Résurrection. L'Eucharistie est d'une certaine façon la liturgie que Jésus a célébrée : nous la célébrons en mémoire de Jésus. Ainsi donc la messe est le mémorial de notre rédemption : mémorial de la Pâque d'Israël célébrée par Jésus, mémorial de la Pâque de Jésus, célébrée en « mémoire de Lui » comme Il l'ordonne aux Douze. Par ce mémorial nous « recevons » aujourd'hui, dans l'espérance de son achèvement, le salut accompli une fois pour toutes.

Que signifie ce mot « mémorial » ? Il évoque pour nous un monument commémoratif d'un événement passé. Lorsque la Bible parle d'un mémorial, en particulier à l'occasion de la célébration liturgique de la sortie d'Égypte par le rituel de la Pâque, elle charge ce mot d'une signification beaucoup plus riche et précise. Pour la Bible, et toujours aujourd'hui pour le judaïsme, le « mémorial » est un « signe » et le gage, donné par Dieu, de ce que lui-même a fait au principe de notre salut. Ce « signe » nous assure que Dieu en renouvelle en nous l'efficacité. Et surtout ce signe nous est donné pour que nous le représentions à Dieu afin d'obtenir sûrement le plein accomplissement du salut pour nous, en nous. Cette « Pâque du Seigneur », par la bénédiction qu'il a prononcée sur le pain : « Ceci est mon Corps… », et sur la dernière coupe de vin, à la fin du repas : « Ceci est mon Sang de l'Alliance… », Jésus nous la donne comme « mémorial » du salut qu'il va accomplir par sa mort et sa Résurrection : « Vous ferez cela en mémoire de moi. »

Les mots et les gestes mêmes de Jésus, il y a deux millénaires, sont la source sacramentelle de la fidélité de l'Église à ce que Jésus accomplit. L'apôtre saint Paul en a vive conscience quand il écrit aux chrétiens de Corinthe : « Moi, voici ce que j'ai reçu du Seigneur et ce que je vous ai transmis : le Seigneur Jésus, dans la nuit où Il fut livré, prit du pain et après avoir rendu grâce, Il le rompit et dit : "Ceci est mon Corps qui est pour vous ; faites cela en mémoire de moi. Cette coupe est la nouvelle Alliance en mon Sang ; faites cela toutes les fois que vous en boirez, en mémoire de moi." Car toutes les fois que vous mangez ce pain et que vous buvez cette coupe, vous annoncez la mort du Seigneur jusqu'à ce qu'il vienne » (1 Corinthiens 11, 23-26).

Le « mémorial » de l'Eucharistie n'est pas seulement un souvenir, mais l'acte sacramentel par lequel ce qui a été accompli dans le passé, une fois pour toutes, nous est réellement donné dans le présent de la foi de l'Église et nous ouvre à l'avenir de l'humanité, appelée à « recevoir » un jour le Christ en sa gloire.

XIII

L'Esprit Saint et le Corps du Christ

La prière eucharistique est encore appelée « canon », d'un mot grec qui signifie « règle ». En effet, elle est formulée et donc fixée selon la règle de l'Église. Cela peut surprendre, surtout aujourd'hui. La forme de notre civilisation, l'influence des médias nous font prôner la spontanéité. Pourquoi la liturgie ne serait-elle pas à l'image des spectacles où règne l'improvisation totale (du moins en apparence) ? Entendons-nous bien sur le mot « fixé ».

D'une part, « fixé » veut dire ritualisé. Comme nous l'avons vu dans le chapitre précédent, lorsque l'Église célèbre l'Eucharistie, elle agit avec les gestes et les mots de la prière de Jésus, transmis par la tradition apostolique. Et lorsqu'Il a célébré la Cène avec les Douze, Jésus a suivi le rituel pascal juif, lui-même exactement et minutieusement codifié. C'est pourquoi, dans la prière eucharistique, il n'y a pas de place pour l'improvisation. Certains historiens ont soutenu le contraire en s'appuyant sur un texte de Justin (Apologie, I, 67, du milieu du IIe siècle) : « Celui qui préside fait monter au ciel les prières et les actions de grâces autant qu'il a de force. » Quoi qu'il en soit du sens exact de ce passage (d'ailleurs, dès le début du IIIe siècle, la Tradition apostolique d'Hippolyte de Rome a fixé un modèle de prière qui se voulait d'une orthodoxie sûre), il n'y a là rien qui ressemble à l'expression d'une fantaisie toute subjective ou d'une créativité spontanée.

D'autre part, « fixé » ne veut pas dire uniformisé. Dès la plus haute antiquité chrétienne, la tradition liturgique s'est fort diversifiée selon les cultures et les langues. Songez aux rites sémitiques, principalement de la tradition d'Antioche, au rite copte, au rite arménien, aux deux grandes familles du rite gréco-byzantin (traduit en arabe, dans différentes langues slaves, etc.) et au rite latin… N'oublions pas, en effet, l'existence à l'intérieur même de la tradition byzantine, comme de la tradition latine, d'expressions liturgiques très variées, souvent originales.

Ce constat devrait nous aider à adopter des positions moins absolues et à retrouver une justesse de ton à propos des langues liturgiques en général et du latin en particulier. Dans les débuts de l'Église, la langue liturgique n'est pas d'abord le latin, mais l'hébreu et le grec, sans parler d'autres langues anciennes orientales ou sémitiques (le syriaque, l'araméen, le chaldéen, etc.). Il faut savoir que l'Église de Rome a célébré en grec avant de célébrer en latin. Et ces diverses traditions au sein de la liturgie sont infiniment précieuses dans le patrimoine unique de l'Église.

Ainsi, à l'intérieur du rite latin, rite des peuples de l'ancien Empire romain d'Occident, subsistent des diversités dont nous ne soupçonnons pas les richesses et que seuls les spécialistes connaissent.

Je cite au passage le rite ambrosien en usage à

Milan (j'ai célébré dans ce rite, avec le cardinal Martini et plusieurs autres évêques d'Europe, des vêpres somptueuses qui nous ont surpris pour la plupart), le rite mozarabe en Espagne, etc. Ne parlons pas des rites propres à la France, dont certains ont subsisté jusqu'au XIXe siècle (ainsi le propre d'Orléans comportait encore un rite particulier de réconciliation des pénitents le Jeudi Saint). L'Église de Lyon a sauvegardé son rite ; le rite des dominicains, le rite des chartreux n'ont pas encore disparu des mémoires.

Donc, loin de nous l'idée qu'une prière eucharistique fixée, « canonique », c'est-à-dire obéissant à la règle de l'Église, soit taxée automatiquement d'uniformité. Grâce à Dieu, coexistent plusieurs types de prière comme coexistent plusieurs types de langues.

LA VRAIE TRADITION

Pour en finir sur ce sujet, un point d'actualité : l'encyclique de Jean-Paul II *Apostoli Slavorum*, saint Cyrille et son frère Méthode dont nous avons fêté en 1985 le onzième centenaire. Je reviens sur l'allusion faite au chapitre V, car il importe de tirer présentement une leçon de cet anniversaire. Les évêques de Germanie qui envoyèrent évangéliser les peuples slaves au IXe siècle soutenaient avec fermeté que seules trois langues liturgiques étaient admissibles : l'hébreu, le grec et le latin ; la leur étant le latin, ils voulaient l'imposer. Les Byzantins, quant à eux, étaient partisans du grec. Bien que de culture byzantine, Cyrille et Méthode eurent l'intuition apostolique — vivement encouragée par le Pape — qu'il fallait traduire l'évangile et la liturgie dans la langue des Slaves pour que ces peuples puissent prier dans leur propre langue. Or cette langue n'était pas écrite. Cyrille la fixa par écrit, inventant pour ce faire l'écriture glagolitique. Cette tentative devint si féconde que le nom de son auteur est resté attaché aux caractères de cet alphabet, dit cyrillique, qui a dérivé du glagolitique.

Permettre à tout peuple de la terre d'entendre dans sa langue les merveilles de Dieu et de proclamer un seul Seigneur, un seul Esprit, une seule foi, un seul baptême, un seul sacrifice du Christ, un seul Dieu et Père n'est pas une innovation plus ou moins suspecte du deuxième concile du Vatican, mais une indispensable fidélité à la tradition la plus anciennement ecclésiale, enracinée dans l'évènement de Pentecôte. Se choquer de cette légitime exigence, c'est méconnaître fondamentalement l'histoire chrétienne et la manière dont Dieu, par son Esprit Saint, rassemble en un seul corps les peuples les plus divers. L'originalité de chacun d'eux enrichit le trésor commun de toute l'Église de Jésus-Christ.

Sous leur forme fixée, ritualisée, les prières eucharistiques sont variées. Dans notre liturgie latine occidentale, elles se répartissent selon deux modes majeurs :

D'une part, la Prière eucharistique I, l'ancien « canon » ou « canon romain ». Très ancienne, elle se rattache à la liturgie syriaque issue de la primitive Église de Jérusalem et de Damas. Elle a été directement importée, si je puis dire, dans l'Église de Rome dont elle est devenue la prière officielle, d'où le nom de « canon romain » qui lui est resté.

D'autre part, les Prières eucharistiques II, III, et IV, recomposées et remises en vigueur après le concile de Vatican II. Ces trois prières s'inspirent d'un modèle grec bien construit. La Prière II nous est rapportée dans *La Tradition apostolique* d'Hippolyte de Rome (début du IIIe siècle) ; les Prières III et IV, dans les *Constitutions apostoliques*, (fin du ve siècle).

Voilà pour les quatre prières principales. Les avez-vous toutes quatre bien présentes à la mémoire ? Je vous invite à les relire une fois de plus.

L'ESPRIT SAINT REND LE CHRIST PRÉSENT

Comme je vous le disais dans le chapitre précédent, la Prière eucharistique IV présente sous une forme très linéaire l'action de grâce de Jésus qui devient l'action de grâce de l'Église. Elle remémoire toute l'histoire sainte de l'ancienne Alliance et l'œuvre du salut jusqu'au don du Fils qui « s'est livré lui-même à la mort et par sa Résurrection a détruit la mort et renouvelé la vie ». L'Alliance engagée par Dieu au Sinaï s'accomplit en alliance nouvelle — comme l'ont prophétisé Ézéchiel (36, 27 ; 37, 26) et Jérémie (31, 31) — par le don de l'Esprit dans nos cœurs.

Le prêtre le rappelle en ces termes : « Afin que notre vie ne soit plus à nous-mêmes, mais à Lui qui est mort et ressuscité pour nous, Il a envoyé d'auprès de toi, comme premier don fait aux croyants, l'Esprit qui poursuit son œuvre dans le monde et achève toute sanctification. » Je répète ces derniers mots : « L'Esprit qui poursuit son œuvre dans le monde et achève toute sanctification. » C'est pourquoi le célébrant — le prêtre qui en a reçu le pouvoir par ordination — va demander par deux fois au Père d'envoyer l'Esprit Saint (« épiclèse » signifie : appel sur, en grec) en deux moments déterminants de cette liturgie eucharistique :

– La première fois, immédiatement avant l'institution de l'Eucharistie, et donc en vue de la consécration, il invoque Dieu : « Que ce même Esprit Saint, nous t'en prions Seigneur, sanctifie ces offrandes. » Et en étendant les mains sur le pain et le vin, il poursuit : « Qu'elles deviennent ainsi le Corps et le Sang de ton Fils dans la célébration de ce grand mystère que lui-même nous a laissé en signe de l'Alliance éternelle. »

– La deuxième fois, après la consécration, en vue de la communion, le prêtre appelle l'Esprit Saint sur le Corps ecclésial du Christ, c'est-à-dire « tous ceux qui vont partager ce pain et boire à cette coupe », pour « que, rassemblés par l'Esprit Saint en un seul Corps, ils soient eux-mêmes dans le Christ une vivante offrande à la louange de ta gloire ». Bref, que le Corps ecclésial devienne à son tour Corps du Christ. C'est ce que saint Augustin enseignait aux néophytes d'Hippone (Sermon 272) : « Recevez ce que vous êtes. Devenez ce que vous recevez : le Corps du Christ. »

Nous sommes l'Église de la Pentecôte au milieu de laquelle est vivant le Christ ressuscité, caché dans la gloire du Père. C'est l'Esprit Saint qui donne cette présence du Christ sous les espèces eucharistiques et dans la réalité de son Corps ecclésial. En rapprochant ainsi par l'invocation à l'Esprit Saint le sacrement-Corps du Christ et l'Église-Corps du Christ, la liturgie de la messe manifeste que le Corps eucharistique — la Présence réelle du Christ — est le gage et le garant de sa présence au milieu du Corps ecclésial ou Corps mystique. Sinon, le corps se prendrait, pour la tête, l'Église pour le Christ, l'Épouse pour l'Époux. Sinon, l'Eucharistie ne serait pas le sacrement de l'amour du Christ toujours vivant, mais le souvenir nostalgique d'une présence à jamais évanouie.

C'est ce que rappelle éminemment — veillons à ne pas l'oublier ! — le Saint-Sacrement gardé et adoré dans le tabernacle de nos églises et chapelles. La « Sainte Réserve », disions-nous autrefois. Réserve pour attendre une prochaine Eucharistie, de sorte que les fidèles privés de la célébration de la messe puissent être nourris du Corps du Christ qui leur sera porté. Mais, tout autant et plus que réserve, Présence sacramentelle du Christ au milieu de son Église.

L'Église, Corps mystique du Christ, ne s'adore pas elle-même, mais elle adore le Christ réellement présent en son Corps et en son Sang qu'elle reçoit dans le sacrement de l'eucharistie et qui est sa vie. L'Église est tout entière relative à son Seigneur et Maître. L'Église n'est pas le Christ, mais elle est l'épouse du Christ : c'est sa beauté et sa grandeur, renouvelées grâce à l'Esprit Saint, d'Eucharistie en Eucharistie.

XIV

Communion et paix du Christ

La messe est un sacrifice d'action de grâce que l'Église fait en mémoire du Christ, par la puissance de l'Esprit Saint. Nous avons essayé de le découvrir, chemin faisant, ces trois derniers chapitres interrompant en quelque sorte le déroulement de la liturgie. Nous avions achevé (vous vous en souvenez, au chapitre X), la prière eucharistique proprement dite. Nous voici donc parvenus au « moment » de la communion.

LE NOTRE PÈRE

Pourquoi le commencer par la récitation du

Notre Père ? Parce que, si la communion est une démarche toute personnelle, chacun est invité à recevoir le Christ qui se donne en son Corps et en son Sang, elle est en même temps un acte essentiellement ecclésial (en communiant, nous ne faisons qu'un avec le Christ et en lui nous ne faisons qu'un seul Corps avec tous nos frères chrétiens, enfants du même Père des cieux).

L'action physique de la manducation permet de comprendre non seulement cette réalité spirituelle, mais aussi le réalisme de la foi : notre condition corporelle est tout entière saisie par le Christ ressuscité. « Nous devenons ce que nous recevons », selon les mots de saint Augustin que je vous ai déjà rapportés. Nous sommes pris par le Christ dont nous prenons et mangeons le Corps. Car cette nourriture est « vraie nourriture » comme Jésus, « Pain de vie », l'a expliqué à ses disciples dans la synagogue de Capharnaüm : « Qui mange ma chair a en lui la vie éternelle… Il demeure en moi et moi en lui » (Jean 6, 54-57). La communion est partage de vie, « symbiose » dans les deux sens : la vie du Christ devient notre vie et notre vie devient la vie du Christ. À tel point que l'apôtre Paul ose confier à ses frères chrétiens galates : « Ce n'est plus moi qui vis. C'est le Christ qui vit en moi » (Galates 2, 20).

Encore faut-il nous préparer immédiatement à cette union au Christ que dans la prière eucharistique nous avons offert, et avec qui nous nous sommes offerts au Père. C'est pourquoi nous partageons la prière que lui-même nous a laissée et nous disons le Notre Père : prière même de Jésus, prière du Christ-Tête devenue prière de son Corps, prière singulière du Fils unique de Dieu devenue prière commune de tous les fils de Dieu, frères et sœurs de Jésus. Le Christ ressuscité a bien dit : « Mon Père qui est votre Père » (Jean 20, 17) ; il nous a appris (cf. Matthieu 6, 9 s) à dire : « Notre Père », et à le dire ensemble.

Ainsi, avant de communier, nous faisons nôtres les mots qui expriment en notre humanité le sens de son existence donnée, l'espérance de son amour filial, sa liberté offerte au Père des cieux. Comment mieux nous préparer à l'accueillir qu'en entrant dans sa prière de Fils bien-aimé ?

PRIÈRE ET ACCLAMATION

Après le Notre Père récité ou chanté par toute l'assemblée, le prêtre continue seul, à haute voix, de prier : « Délivre-nous de tout mal, Seigneur, et donne la paix à notre temps... »

Cette prière, dans sa formulation actuelle, remonte au ve siècle. Selon un usage fréquent dans l'antiquité chrétienne, elle développe et amplifie (on l'appelait « embolisme » en grec) la dernière demande du Notre Père : « Délivre-nous du Mal », d'où précisément ses premiers mots : « Délivre-nous de tout mal. » Composée par l'Église de Rome au temps où elle était en proie aux invasions barbares, c'est une prière de supplication instante pour faire front à l'adversité : « Que Dieu donne la paix à notre temps. » Prière de circonstance pour être « rendus libres du péché et rendus forts devant les épreuves ».

Je me permets ici, en passant, une observation sur l'art difficile de la traduction. Tout au long du missel et du lectionnaire, il serait possible d'en faire de semblables. C'est dire l'importance du travail passé (... et à venir) des exégètes et des traducteurs. Nous devons souhaiter — en une période où la langue française évolue très rapidement — que cette étude minutieuse de la plus exacte traduction des originaux latins, grecs, hébraïques soit poursuivie par de nouvelles générations de savants.

Revenons donc à notre « rendus forts ». La traduction liturgique habituelle : « Rassure-nous », fausse le sens de cette prière ; le latin dit (les plus anciens s'en souviennent) : « *Ab omni perturbatione securi* », c'est-à-dire : « Mets-nous en sûreté objective et subjective », donc « Rends-nous forts ».

« En cette vie où nous attendons la bienheureuse espérance et l'avènement de Jésus-Christ notre Sauveur. »

« Bienheureuse espérance », dis-je ; or nous traduisons par « le bonheur que tu promets », ce qui risque d'être compris de façon parfois insuffisante, comme s'il s'agissait simplement d'un bonheur sans contenu trop défini. Pourtant, le texte liturgique se réfère à l'expression même de saint Paul dans l'épître à Tite (2,13), éclairée par ce qui suit : « Et la manifestation de la gloire de notre grand Dieu et Sauveur. » Ce même passage est lu la nuit de Noël, mais traduit encore faiblement par « le bonheur que nous espérons ». Ne nous y trompons pas, la « bienheureuse espérance », c'est la résurrection des morts donnée dans le Christ, comme Paul le proclame devant le Sanhédrin : « C'est pour notre espérance, la résurrection des morts, que je suis mis en jugement » (Actes des Apôtres 23,6). Espérance combien concrète et vitale !

Après cette prière du prêtre, toute l'assemblée enchaîne : « Car c'est à toi qu'appartiennent le règne, la puissance et la gloire pour les siècles des siècles. » Il est heureux que nous ayons repris cette glorification transmise par les plus anciens manuscrits à la suite du Notre Père et gardée par les Églises de la Réforme. Dite sous cette forme ou chantée dans les termes suivants : « A toi le règne, à toi la puissance et la gloire », elle est fréquente dans l'Écriture sainte, par exemple dans l'Apocalypse 1,6 : « A Lui gloire et pouvoir… » ; 4, 11 : « Tu es digne, Seigneur notre Dieu, de recevoir la gloire, l'honneur et la puissance. Amen ! » (Voir aussi, entre autres, 5, 13 ; 7, 12 ; 19, 1.)

VERS L'UNITÉ PARFAITE

Alors s'arrête la prière eucharistique dite au nom du Christ et adressée au Père par la force de l'Esprit. Nous faisons comme une pause et nous nous tournons vers le Seigneur Jésus-Christ, présent au milieu de nous et qui va se donner à nous en son Corps et en son Sang. À haute voix, au nom de tous et pour tous, le célébrant fait cette prière qui, autrefois, était l'une des trois prières récitées privément juste avant la communion du prêtre (cf. chapitre X) : « Seigneur Jésus-Christ, Tu as dit à tes apôtres : Je vous laisse ma paix… Ne regarde pas nos péchés, mais la foi de ton Église. » Aucun de nous n'oserait dire : « Regarde ma foi », ni même : « Regarde notre foi, à nous, telle communauté ecclésiale déterminée. » Qui pourrait se vanter devant Dieu d'avoir assez de foi pour recevoir son amour miséricordieux ? Seule la foi de l'Église entière, cette Église, épouse du Christ et notre mère, « qui ne cesse d'exhorter ses fils à se purifier et à se renouveler pour que le Christ brille avec plus d'éclat sur son visage » (Lumen Gentium, 15), seule l'Église est à la mesure du pardon demandé pour nos péchés et du don qui nous est fait du Corps du Christ.

« Ton Église, conduis-la vers l'unité parfaite » : pourquoi, alors, cette prière pour l'unité de l'Église ? Parce que seul le Christ par son Corps livré peut rassembler dans la communion de la foi « les enfants dispersés » (cf. Jean 11, 52). Il est donc normal que nous le priions pour notre unité en son Église au moment où nous allons avoir part au Corps du Christ, à un seul Pain, à une seule Coupe. C'est ainsi que saint Paul fait appel au symbolisme de la célébration eucharistique pour signifier l'unité de l'Église : « La coupe de bénédiction que nous bénissons, n'est-elle pas une communion au Sang du Christ ? Le pain que nous rompons n'est-il pas une communion au Corps du Christ ? Parce qu'il y a un seul pain, nous sommes tous un seul corps ; car tous nous participons à cet unique pain » (1 Corinthiens 10, 16-17).

Chacun, nous recevons le Corps du Christ totalement présent en toute parcelle d'hostie (du latin *hostia* qui signifie offrande, victime), c'est-à-dire de pain consacré. Nous sommes unis dans cet unique Corps du Christ ressuscité ; en son sang, sur la croix, il a triomphé de la division — du péché et de la mort (cf. Éphésiens 2, 13-14). Seul le sacrement de l'Eucharistie, situé et compris à ce niveau de foi, établit et construit l'unité de l'Église. Seul le Christ peut conduire son Église et ses fidèles vers l'unité parfaite ; seul, Fils de Dieu fait homme, il est allé jusqu'au bout du sacrifice de communion : « Pour eux je me consacre moi-même afin qu'ils soient eux aussi consacrés par la vérité » (Jean 17,19).

LA PAIX DONNÉE ET PARTAGÉE

Après cette prière pour la paix en notre temps et l'unité de l'Église, le célébrant dit à l'assemblée : « Que la paix du Seigneur soit toujours avec vous. » Je vous ai déjà expliqué (cf. chapitre IV), à propos de la salutation du prêtre au début de la messe, combien ces mots sont riches de sens et de beauté ; combien plus en cet instant où le Christ est prêt à se donner en nourriture à son Église.

Ceci dit, le prêtre invite les fidèles à échanger par un signe la paix que le Christ nous donne : « Dans la charité du Christ, donnez-vous la paix. » Et cela, juste avant de communier, nous le comprenons maintenant. Échanger un signe de paix est un geste antique. La liturgie le réservait autrefois au célébrant et aux clercs et prêtres réunis dans le chœur. Mais aucune règle n'interdisait de l'étendre, si on le voulait, à l'ensemble des fidèles. C'est pourquoi désormais nous le faisons avec joie.

Car ce geste est lourd de signification. Ce n'est pas le geste de gens contents de se retrouver et qui se congratulent, je dirais presque se tapent dans le dos, en disant : « Comme nous sommes heureux d'être ensemble ! ». Non. Nous ne partageons pas non plus la paix que nous pensons faire par nous-mêmes, à la force du poignet — nous en sommes bien incapables ! « Je vous laisse la paix, je vous donne ma paix, non pas comme le monde vous la donne », dit le Christ. Le Christ nous donne sa paix et nous la partageons. Voilà bien la seule paix que nous puissions partager : nous la recevons du Christ comme un don infiniment précieux qui nous transforme et nous rend capables de nous accueillir les uns les autres, malgré ou avec nos antagonismes et nos différends humains.

Ainsi saisis par le Christ qui nous donne sa paix, et réunis en un seul corps avec ceux qui nous sont donnés comme frères, nous devenons artisans de paix. Et en communiant à l'unique Corps du Christ, nous recevrons le sacrement de ce qui nous a d'abord été donné en espérance et en gage sur la parole de Jésus.

LES RITES DE COMMUNION

Après la prière litanique de l'Agneau de Dieu, chacun s'il le désire s'avance pour communier selon les coutumes de l'Église et sa propre sensibilité : dans la bouche, selon l'habitude prise au Moyen Âge, ou tendant la main suivant la belle attitude rapportée par Cyrille de Jérusalem (Explication des mystères : la messe, cinquième instruction) : « Avec ta main gauche, fait un trône pour la droite car elle va recevoir le Roi. Courbe alors ta paume en creux et reçois le Corps du Christ en disant : Amen. »

L'une et l'autre manière de communier sont également admises par l'Église. Chacun doit agir en toute liberté avec le plus grand respect pour recevoir de la main du prêtre ou d'un ministre le Corps du Christ. Jamais les fidèles ne se communient eux-mêmes : on ne « prend » pas l'Eucharistie, on ne se la « donne » pas à soi-même. On la reçoit du Christ que le ministre représente.

Depuis le concile de Vatican II, le nouveau rituel de la messe stipule que l'ordre du Christ : « Prenez et mangez… Prenez et buvez-en tous », doit être exécuté. Dans le rite de l'Église d'Occident, la communion au Corps et au Sang du Christ n'est donc plus réservée au prêtre mais, de façon plus fréquente, est proposée aux fidèles. C'est une grande grâce, en effet, d'accueillir en plénitude la puissance évocatrice du sacrement sous les deux espèces du pain et du vin, même si celui qui communie seulement au Corps du Christ communie pleinement au Christ total.

LE SILENCE DU RECUEILLEMENT, LE CRI DE LA JOIE

Le chant d'un psaume peut accompagner le temps de la communion ou soutenir l'action de grâce. Mais rien ne doit troubler ni remplacer le recueillement de quelques minutes de silence après la communion, « moment unique où la sainteté du Christ nous pénètre, nous purifie, nous éclaire et nous fortifie dans un cœur-àcœur silencieux », comme me le confiait un auditeur. Il poursuivait : « Il me semble que si le fidèle venant de communier doit entendre presque tout de suite les annonces de la semaine, il peut ressentir comme un manque de respect vis-à-vis de lui et surtout vis-à-vis du Seigneur présent en lui. Si un incroyant, instruit de notre foi, de passage alors dans l'église, en était témoin, ne pourrait-il pas s'étonner de ce qui devrait lui paraître une inconsciente légèreté ? »

Une dernière oraison du célébrant rassemble la prière des fidèles « Heureux les invités au repas du Seigneur ». Après leur avoir donné la bénédiction de Dieu, Père, Fils et Esprit, le prêtre, au nom du Christ, les renvoie : « Allez [et non : Allons] dans la paix du Christ. »

Par un dernier cri de joie et de foi, l'assemblée exprime sa reconnaissance pour cette Eucharistie : « Nous rendons grâce à Dieu. » Chrétiens de Paris et de l'an 2000, chrétiens du métro et des foules, chrétiens qui appartenons à un monde d'anonymat, la grâce nous est donnée de nous reconnaître de nous retrouver, de nous aimer, frères dans le Christ, par l'Esprit Saint, en chaque

Eucharistie, « source et sommet de toute la vie chrétienne » (Lumen Gentium, § 11). En Église.

Pour la plus grande gloire de Dieu et le salut du monde.

Mis en pages par Text'oh ! (Dole)

Achevé d'imprimer en France en septembre 2009
Par Normandie Roto Impression s.a.s.
N° d'impression : 092475 – N° d'édition : OEDR0341-01
Dépôt légal, octobre 2009